KB275809

비상계엄을 이겨 낸 대한국민 이야기

—★ 살아 있는 민주주의 교과서

비상계엄을 이겨 낸 대한국민 이야기

배성호 · 주수원 글

철수와영희

살아 있는 민주주의 교과서로 초대합니다!

2024년 12월 3일과 2025년 4월 4일, 이 두 날은 대한민국 역사에서 결코 잊을 수 없는 날들입니다.

2024년 12월 3일 밤, 당시 대통령이 불법적으로 비상계엄을 선포했을 때, 대한민국은 끔찍한 상황으로 내몰릴 뻔했습니다. 그러나 민주주의가 무너지고 독재가 현실이 되려는 절체절명의 순간에도, 국민들은 공포에 굴복하지 않았습니다. 오히려 대한민국의 진정한 주인인 국민들은 스스로 일어나 비폭력 평화 행동을 통해 민주주의를 바로 세우고, 독재 권력을 심판하며 새로운 역사를 만들었습니다.

계엄 선포 당일, 국회로 바로 달려간 국민들과 국회의원들의 모습은 참으로 놀라웠습니다. 무장한 계엄군이 투입되었음에도 국민들은 비상계엄 해제를 위해 당당히 맞서 싸웠고 결국 국회의 비상계엄 해제 요구 결의안 가결을 이끌어 냈습니다. 이러한 일은 우연히 이뤄진 것이 아닙니다. 이는 부당한 명령에 굴하지 않고 국민들의 생명을 지켰던 역사 속 인물들과, 오늘날 '빛의 혁명' 과정에서 함께한 사람들의 이야기가 생생히 이어져 있기 때문입니다. 1960년 4·19 혁명 당시 초등학생들이 '부모 형제들에게 총부리를 겨누지 말라'고 호소했던 그 목소리가 오늘날 남녀노소를 불문한 시민들의 뜨거운 연대와 참여로 다시 한번 울려 퍼졌습니다.

비상계엄과 국회의 비상계엄 해제 요구 결의안 가결 그리고 국회의 대통령 탄핵 소추안 가결, 헌법재판소의 대통령 파면 결정까지, 우리는 살아 있는 민주주의의 과정을 직접 체험하며 만들어 냈습니다. 세대 구분 없이 어울리며 '아이돌 응원봉'을 들고 소녀시대의 〈다시 만난 세계〉를 부르며 평화적으로 벌인 시위는 세계 여러 나라로부터 찬사를 받았습니다. 우리는 혐오와 차별이 아닌 참여와 평화적 연대를 통해 대한민국의 미래를 함께 모색하는 아름다운 모습을 보여 주었습니다.

1980년 5·18 민주화운동 당시 시민들은 서로 주먹밥을 나누고 헌혈을 하며 공동체를 지키기 위해 자발적으로 나섰습니다. 이번 비상계엄 후 탄핵을 촉구하는 시위에서도 시민들은 커피 등을 '선결제'하며 서로를 응원하고 격려하였습니다. 나눔과 평화로운 집회, 시위를 통해 권력자의 불의한 횡포를 막아 내었습니다.

2025년 4월 4일, 헌법재판소는 대통령의 파면을 결정했습니다. 대통령은 「헌법」 수호의 책무를 저버리고 군대와 경찰을 동원하여 국회와 헌법 기관의 권한을 훼손하고 국민의 기본적 인권을 침해하였습니다. 민주공화국의 주권자인 대한국민의 신뢰를 심각하게 훼손하였습니다. 이에 대해 헌법재판소는 명백한 헌법 위반임을 밝히며 대통령직에서 파면한 것입니다. 이 결정 이후 세계 언론들은 우리나라 사례를 국민이 민주주의를 지켜 낸 21세기의 새로운 모델로 크게 보도했습니다.

이 책은 계엄 선포 당일부터 이후 대통령 파면 결정이 내려지기까지 일어난 일들을 생생하게 담고 있습니다. 더 나은 세상을 꿈꾸며, 살아 있는 민주주의 이야기와 만나 보시길 바랍니다. 대한민국과 세계의 평화로운 미래를 꿈꾸며!

– 배성호, 주수원 드림

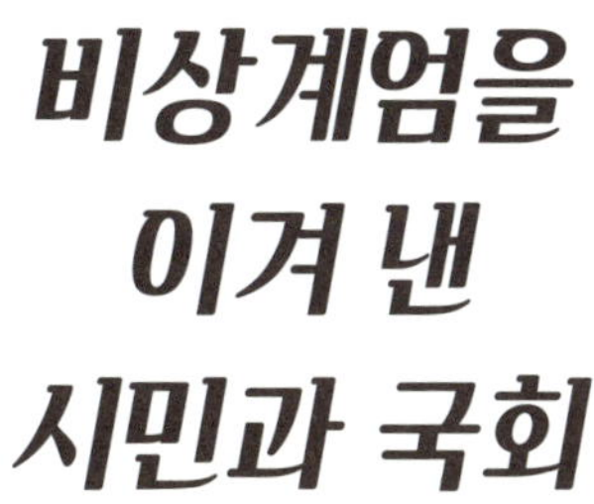

비상계엄을
이겨 낸
시민과 국회
1장

비상계엄이 이뤄지면
내 자유가 제한된다고요?

2024년 12월 3일 밤 10시 28분, 윤석열 대통령은 비상계엄을 선포합니다. 비상계엄이란 무엇일까요? 「헌법」 제77조에는 비상계엄을 정의하고 있습니다. 조문을 하나씩 나눠서 보며 그 내용을 살펴보겠습니다.

> 제77조 ① 대통령은 전시·사변 또는 이에 준하는 국가 비상사태에 있어서 병력으로써 군사상의 필요에 응하거나 공공의 안녕 질서를 유지할 필요가 있을 때에는 법률이 정하는 바에 의하여 계엄을 선포할 수 있다.

텔레비전 방송을 통해 계엄을 선포하는 윤석열 전 대통령.

계엄은 전쟁과 같은 아주 심각한 국가 위기 상황에서 정부가 군대를 이용해 사회 혼란을 막기 위한 제도입니다. 쉽게 말하면, 국가 비상 상황에서 정부가 "지금은 특별한 상황이니까 평소와는 다른 규칙을 적용할게요"라고 선언하는 것과 같아요. 이를테면 학교에서 갑자기 화재가 났을 때 평소의 수업 규칙이 잠시 중단되고 비상 대피 규칙이 적용되는 것과 비슷하다고 생각하면 됩니다. 계엄은 국민의 기본적인 권리를 제한할 수 있는 아주 강력한 조치입니다. 따라서 정말 불가피한 상황에서만 신중하게 사용되어야 합니다.

   1장. 비상계엄을 이겨 낸 시민과 국회

제77조 ② 계엄은 비상계엄과 경비계엄으로 한다.

계엄은 다시 2가지로 나눠지는데요. 비상계엄은 전쟁, 내란 같이 아주 심각한 상황일 때 시행되는 것으로, 이때는 국민의 기본권 일부가 제한될 수 있습니다. 경비계엄은 아직 전쟁이나 내란이 일어난 것은 아니지만, 사회 불안이나 폭동 등이 발생해 경찰의 힘만으로는 통제하기 어려울 때 군대가 보조적으로 나서는 정도입니다. 즉 비상계엄이 보다 강한 계엄이라고 할 수 있습니다. 경비계엄이 "폭풍우가 와서 일부 지역에 통행 제한이 있어요"라면, 비상계엄은 "태풍이 와서 전체 지역 외출 금지예요"라고 생각하면 됩니다.

제77조 ③ 비상계엄이 선포된 때에는 법률이 정하는 바에 의하여 영장 제도, 언론 · 출판 · 집회 · 결사의 자유, 정부나 법원의 권한에 관하여 특별한 조치를 할 수 있다.

비상계엄이 선포되면 영장 없이 체포나 수색을 할 수도 있습니다. 평소에는 경찰이 누군가를 체포하거나 집을 수색하려면 판사

가 발행한 '영장'이라는 허가증이 필요해요. 하지만 비상계엄 때
는 이런 절차 없이도 체포나 수색이 가능할 수 있어요. 또한 언론,
출판, 집회, 결사의 자유가 제한될 수 있습니다. 예를 들어, 밖에서
모임을 가지거나 시위를 하는 것이 금지될 수 있죠. 무엇보다 군
이 정부나 법원의 권한 일부를 대신 행사할 수 있습니다. 평소에
는 정부와 법원이 각자 맡은 일을 하지만, 비상계엄 때는 군대가
이런 기관의 일부 역할을 대신할 수 있어요. 학교 선생님 대신 군
인이나 경찰이 직접 수업을 관리하는 일이 생길 수도 있는 거지
요. 그러니까 평소에 보장되던 「헌법」상의 자유와 권리가 제한될
수 있다는 뜻입니다. 그렇기 때문에 비상계엄은 아주 예외적이고,
신중하게 사용되어야만 합니다.

　이렇게 계엄은 사회 불안을 막기 위한 제도이지만 국민의 자유
와 권리를 제한할 수 있는 위험한 수단이기도 합니다. 이렇게 중
요한 계엄을 대통령이 마음대로 해서는 안 되겠죠. 그래서 「헌법」
제77조 제4항과 제5항에서는 계엄이 남용되지 않도록 통제하는
장치를 마련하고 있습니다.

제77조 ④ 계엄을 선포한 때에는 대통령은 지체 없이 국회에
통고하여야 한다.

⑤ 국회가 재적 의원 과반수의 찬성으로 계엄의 해제를 요구한 때에는 대통령은 이를 해제하여야 한다.

우선 대통령이 계엄을 선포했다면, 즉시 국회에 알려야 합니다. 또한 그 계엄이 정당성이 없다고 판단될 때 국회에서는 해제를 요구할 수 있습니다. 재적 의원 과반수의 찬성으로 해제를 요구하면, 대통령은 반드시 계엄을 해제해야 합니다. 「헌법」은 국민의 대표 기관인 국회가 대통령의 불의한 권한 행사를 견제할 수 있도록 규정하고 있는 것입니다.

그럼 윤석열 대통령은 왜 비상계엄을 선포했을까요? 정당한 이유가 있었을까요? 그날 밤 방송을 통해 대통령이 계엄의 이유를 밝히기 위해 발표한 담화문의 요지를 정리하면 이렇습니다.

국회가 지속적으로 정부 관료를 탄핵하고 예산 삭감을 통해 국가 기능을 마비시키고 있다고 주장했습니다. 국회가 정부에 협조하지 않고 정부를 적으로 여기며 대립하기만 한다고 본 것이죠. 국회의 이러한 행위가 자유민주주의 체제를 위협하고 국가를 위기 상황으로 몰아넣었다고 비판합니다. 대통령은 이에 대한 대응으로 국가를 보호하고 "반국가 세력" 척결을 위해 비상계엄을 선포한다고 했습니다. 계엄은 어쩔 수 없는 조치이며 가능한 한 빨리 국가를 정상화시키겠다고 약속하면서, 일반 국민들의 불편을 최소화하기 위해 노력할 것이라고 밝혔습니다. 대통령이 발표한 내용 중 일부 문구를 살펴볼게요.

자유민주주의의 기반이 되어야 할 국회가 자유민주주의 체제를 붕괴시키는 괴물이 된 것입니다. 지금 대한민국은 당장 무너져도 이상하지 않을 정도의 풍전등화의 운명에 처해 있습니다.
친애하는 국민 여러분, 저는 북한 공산 세력의 위협으로부터 자유 대한민국을 수호하고, 우리 국민의 자유와 행복을 약탈하고 있는 파렴치한 종북 반국가 세력들을 일거에 척결하고 자유 헌정 질서를 지키기 위해 비상계엄을 선포합니다.

과연 정부와 국회와의 대립이 전쟁이나 내란과 같은 아주 심각한 국가 위기 상황인 걸까요? 그 전에 비상계엄이 얼마나 위험할 수 있는지 우리나라 역사를 통해 살펴볼게요.

   1장. 비상계엄을 이겨 낸 시민과 국회

1. 2024년 12월 3일 당시 우리나라가 비상계엄을 선포할 만큼 위기 상황이었나요?

2. 「헌법」은 대통령이 계엄을 선포하면 즉시 국회에 알리고, 국회가 재적 의원 과반수로 해제를 요구하면 따라야 한다고 규정하고 있습니다. 이런 견제 장치가 왜 필요한지, 그리고 충분한 장치인지 토론해 보세요.

우리나라에서 비상계엄은
몇 차례 있었나요?

대한민국 현대사에서는 윤석열 대통령 이전에 총 11회의 비상계엄이 선포되었습니다. 이승만 대통령이 5회, 박정희 대통령이 4회, 최규하 대통령 권한 대행과 전두환 신군부가 2회 선포했습니다.

그런데 여기서 이상한 점이 있습니다. 「헌법」에는 전쟁이나 그에 준한 중대한 사태가 발생했을 때 비상계엄이 가능하다고 했는데, 우리나라에서 있었던 비상계엄 중에 그에 부합하는 사례는 딱 한 번밖에 없습니다. 6·25 전쟁 때입니다. 그러면 나머지 10번은 전쟁처럼 아주 심각한 국가 위기 상황이었을까요?

   1장. 비상계엄을 이겨 낸 시민과 국회

대한민국 현대사에서 비상계엄 선포 내용

대통령	계엄 선포일	내용
이승만	1948년 10월 25일	**여수·순천 10·19 사건**으로 비상계엄(지역) 선포
	1948년 11월 17일	**제주 4·3** 진압을 위해 비상계엄(지역) 선포
	1950년 07월 08일	**6·25 전쟁** 발발로 비상·경비계엄 (지역, 전국) 다수 선포
	1952년 05월 25일	**부산 정치 파동(발췌 개헌)**으로 비상계엄(지역) 선포
	1960년 04월 19일	**4·19 혁명**으로 비상·경비계엄(지역) 선포
박정희	1961년 05월 16일	**5·16 쿠데타**를 일으켜 비상·경비계엄(전국) 선포
	1964년 06월 03일	**한일협정 반대(6·3 항쟁)**로 인해 비상계엄(지역) 선포
	1972년 10월 17일	**유신헌법 제정**을 위해 비상계엄(전국) 선포
	1979년 10월 18일	**부마 민주 항쟁** 진압을 위해 비상계엄(전국) 선포
최규하*	1979년 10월 27일	**10·26 사태(박정희 사망)**로 비상계엄(지역) 선포 후
	1980년 05월 17일	**12·12 쿠데타**로 정권을 장악한 전두환 신군부 세력에 의해 5·17 비상계엄(전국) 확대 → **5·18 민주화운동 진압**

* 최규하는 1979년 10월 27일 당시는 대통령 권한 대행이었으며, 1980년 5월 17일 당시는 대통령이었음.

우리나라에서 비상계엄은 몇 차례 있었나요?

그렇지 않았습니다. 대부분의 경우는 진짜 위기가 아니라, 국민들이 정부에 반대하는 목소리를 냈을 때, 그걸 막기 위해 또는 정권을 잡거나 유지하기 위해 비상계엄을 사용한 것이었어요. 정치적인 이유였던 거죠.

먼저 이승만은 「헌법」을 불법적으로 바꾸고, 부정선거를 통해 4번이나 대통령을 했습니다. 특히 1960년 일어난 4·19 혁명은 이승만 대통령의 부정선거에 분노한 학생과 시민 들이 들고일어난 것인데 정부는 이를 강제로 진압하기 위해 비상계엄을 선포했습니다. 국민의 목소리를 듣는 대신, 시위를 강제로 막고 기본권을 제한하여 자신들의 목적을 달성하려 한 것입니다.

박정희는 1961년 군사 쿠데타를 일으켰습니다. 쿠데타란 무력을 사용해서 합법적인 정부를 강제로 쫓아내고 정권을 잡는 행위예요. 박정희는 쿠데타 직후 비상계엄을 선포해 국민의 저항을 막고, 정권을 손에 넣었어요. 1972년에는 유신헌법을 만들기 위해 또 한 번 비상계엄을 선포했습니다. 「유신헌법」은 대통령에게 거의 절대적인 권력을 주어 마치 왕처럼 나라를 다스릴 수 있게 해주는 법이었죠. 박정희는 전국에 비상계엄을 선포하고 국회를 해산시킨 뒤, 국민의 의견을 제대로 묻지 않고 「헌법」을 바꿨습니다. 이는 자신의 독재 권력을 더 오래 유지하기 위한 행동이었어요.

                    1장. 비상계엄을 이겨 낸 시민과 국회

1961년 5월 16일 군사 쿠데타를 일으킨 박정희 소장과 군인들.

전두환은 박정희 대통령 사망 후 1979년 군인으로서 또 쿠데타를 일으켰습니다. 이 일을 12·12 군사반란이라고 하지요. 국민은 이런 군사정권에 반대했고, 1980년 광주에서 5·18 민주화운동이 일어났어요. 그런데 전두환은 이 운동을 진압하기 위해 비상계엄을 전국으로 확대했습니다. 그전까지는 제주 지역은 비상계엄에서 빠져 있었습니다. 이 과정에서 많은 시민이 다치고, 목숨을 잃는 비극적인 일이 벌어졌어요. 5·18 민주화운동 당시 군이 작성한 문서인 〈광주사태 시 계엄군 실탄 사용 현황〉에 따르면 광

1980년 5월 광주에서 시민이 탄 차를 무자비하게 공격하는 계엄군의 모습.

주에 투입된 계엄군은 총 51만 2626발의 각종 실탄을 사용했습니다. 계엄군은 M16 소총 외에도 기관총과 수류탄, 헬기 기관총 등 최소 11개 이상의 무기를 시민을 대상으로 사용했습니다. 2024년 5·18 민주화운동 진상규명조사위원회는 5·18 민주화운동 기간 동안 사망 166명, 행방불명 179명, 부상 2617명 등 수많은 민간인 피해가 발생했다고 발표했어요. 10대 사망자도 58명이나 됩니다.

    1장. 비상계엄을 이겨 낸 시민과 국회

이처럼 비상계엄을 한 이승만, 박정희, 전두환은 모두 독재정치를 하며 비상계엄을 자기 권력을 지키는 무기로 사용했어요. 겉으로는 "국가 안보"나 "사회 질서 유지"라는 이유를 내세웠지만, 속셈은 국민의 자유를 억누르고 정권을 유지하려는 목적이 있었어요. 비상계엄이 국민의 자유를 억누르고 권력을 지키는 수단으로 악용된 거죠.

비상계엄은 나라를 위한 제도이지만, 잘못 쓰이면 민주주의를 해치는 무서운 도구가 될 수 있어요. 그래서 지금은 비상계엄을 선포할 수 있는 조건이 법으로 아주 엄격하게 제한되어 있는 것이랍니다.

생각해 볼 문제

1. 이승만, 박정희, 전두환이 비상계엄을 선포하거나 확대할 때 내세운 명분과 실제 목적은 어떻게 달랐나요? 이들의 공통점은 무엇이고, 어떻게 비상계엄이 권력 유지 수단으로 사용될 수 있었을까요?

2. 진짜 국가 위기 시의 비상계엄과 정치적 목적의 비상계엄을 어떻게 구분할 수 있을까요? 그 기준은 무엇이 되어야 할까요?

비상계엄을 선포하려면 회의가 필요하다고요?

대통령이 비상계엄을 선포하기 위해서는 사회적 상황 말고도 행정적으로 갖춰야 할 절차가 있습니다. 반드시 국무회의를 거쳐야 합니다. 국무회의는 대통령이 나라의 중요한 일을 결정하기 전에 여러 고위 공무원들과 함께 상의하는 공식 회의입니다. 나라의 '최고 회의실' 같은 곳에서 대통령과 국무총리, 각 부처 장관들이 모여 나라의 법, 예산, 외교, 안보 등 국가의 중요한 정책을 함께 이야기하고 결정하는 자리입니다.

국무회의는 새 법을 만들거나 큰돈이 들어가는 국가사업에 예산을 쓰기 전, 또는 전쟁이나 외교 문제처럼 아주 중요한 일이 있을 때 대통령이 혼자 결정하지 않고, 전문가들과 함께 의견을 나누며 지혜를 모아 신중하게 결정하도록 마련된 제도입니다. 국무회의는 「헌법」에서 보장하고 있으며 민주주의 국가에서 대통령이 권한을 남용하지 않도록 하기 위한 안전장치이기도 합니다.

그런데 윤석열 대통령은 12월 3일 밤 8시 55분경에 일방적으로 국무총리에게 계엄을 선포하겠다고 말하였습니다. 계엄을 선포하기 1시간 33분 전이었죠. 당연히 국무총리는 다른 국무위원까지 포함해 회의를 해야 한다고 했고, 대통령은 그러면 국무위원들을 모아 보라고 했습니다. 당시 국무위원들에게 연락을 할 때 대통령실로 들어오라고 하였을 뿐, 국무회의를 개최한다고 알리지는 않았습니다. 문화체육관광부 장관, 환경부 장관, 고용노동부 장관, 국가보훈부 장관 등은 연락조차 받지 못했습니다.

밤 10시 17분에서야 국무총리 및 국무위원 9명이 모였습니다. 대통령은 5분 만에 이들에게 계엄 선포의 취지를 간략히 설명하고 회의실을 나갔습니다.

국무회의를 정식으로 연다는 선포, 안건을 올리는 과정, 토의 등도 없었고 제대로 된 회의록도 작성되지 않았습니다. 대통령은 계엄의 필요성, 시행 일시, 계엄사령관 등 계엄 선포와 관련해 어떠한 구체적인 내용도 설명하지 않았습니다. 참석한 국무위원들이 계엄 선포에 관하여 의견을 밝힐 기회도 주어지지 않았고 실질적인 검토와 논의도 이뤄지지 않았습니다. 그러고서는 밤 10시 28분 바로 비상계엄을 선포한 것입니다. 「헌법」과 법률에 정해진 절차를 제대로 지키지 않은 채 대통령이 독단적으로 비상계엄을 선포한 셈이죠.

1. 윤석열 대통령이 국무회의를 제대로 거치지 않고 비상계엄을 선포한 것은 왜 문제가 될까요? 민주주의 사회에서 절차를 지키는 것이 왜 중요할까요?

2. 국가의 중요한 결정에서 투명한 의사소통이 왜 필요한지 토론해 보세요.

    1장. 비상계엄을 이겨 낸 시민과 국회

대통령이 국회를 적군으로
생각했다고요?

윤석열 대통령은 국회가 권력을 잘못 이용해 국가가 제대로 운영되지 못하는 중대한 위기 상황이라고 주장했습니다. 국회와의 갈등이 비상계엄을 선포할 만한 위기 상황에 해당한다고 주장했습니다. 정말 우리 사회는 그런 수준의 위기였을까요? 그는 국회가 무슨 잘못을 했다고 본 걸까요?

우선 국회의 다수당이 「헌법」에 어긋나는 법률안들을 일방적으로 통과시키고, 정부가 추진하는 법안에는 반대함으로써 「헌법」 질서를 어지럽혔다고 주장했습니다. 과연 그럴까요?

「헌법」은 대통령에게 국회의 입법권 행사를 통제할 수 있는 권

대한민국 국회의사당 모습.

한을 부여하고 있습니다. 대통령은 국회에서 의결된 법률안의 공포를 15일 동안 보류할 수 있고, 법률안에 이의가 있을 때에는 그 기간 내에 다시 의결할 것을 요구할 수 있습니다. 이를 대통령의 '법률안 거부권'이라고 합니다. 국회를 견제할 수 있는 대통령의 권한인 거죠.

원래 법률안이 국회에서 의결되기 위해서는 재적 의원 과반수의 출석과 출석 의원 과반수의 찬성이 필요합니다. 재적 의원은 국회의원 전체를 말하는데, 우리나라 국회의원은 총 300명입니다. 출석 의원은 당일 그 회의에 참석한 의원을 말합니다. 윤석열

    1장. 비상계엄을 이겨 낸 시민과 국회

대통령이 계엄을 선포했을 당시 대통령이 속한 정당인 국민의힘은 108석의 의석을 가지고 있었습니다. 이렇게 대통령이 속하고 정권을 쥐고 있는 당을 여당이라고 하고 그외 당을 야당이라고 합니다. 현재 우리나라 국회에서 야당은 192석을 차지하고 있습니다. 야당 중 특히 더불어민주당이 170석을 차지합니다. 그래서 더불어민주당이 추진하는 법률안은 다른 당과 협의하지 않고서도 의결할 수 있습니다. 하지만 그렇게 국회에서 법률안을 통과시킨다고 해도 대통령이 거부권을 행사해 버리면 소용이 없었습니다.

그럼 대통령이 국회에서 의결된 법률안에 대한 거부권을 행사했을 때 그 법률안을 다시 통과시키는 방법이 없을까요? 처음 의결할 때보다 통과 기준이 높아지기는 하지만 방법은 있습니다. 국회에서 재적 의원 과반수의 출석과 출석 의원 3분의 2 이상의 찬성이 있으면 대통령이 거부권을 행사했더라도 법률안 통과가 가능합니다. 만약 국회의원 300명이 모두 출석했다면 최소 200명 이상이 찬성해야 한다는 이야기죠. 그러니 대통령이 거부권을 행사하면 당시로서는 여당과 협의하지 않고서는 재의결을 할 수 없었습니다. 대통령은 다수당인 야당이 입법권을 무기로 독재를 한다고 주장했지만, 우리나라의 법과 제도는 그렇게 할 수 없도록 이미 마련되어 있습니다. 비상계엄이라는 수단을 사용하지 않고서도 「헌법」에서 정한 대통령의 권한만으로도 국회와 대등하게 협상을 할 수 있었던 것입니다.

윤석열 대통령은 재임한 2년 7개월 동안 25번이나 국회의 법률안을 거부했습니다. 이게 얼마나 큰 숫자냐면 역대 대통령 중에 이승만(45번)을 제외하고는 노무현(4번), 박근혜(2번), 이명박(1번) 정도만 법률안 거부권을 행사했습니다. 이승만 대통령의 경우는 1948년부터 1960년까지 12년 동안 행사한 횟수입니다. 재임 기간으로 보면 윤석열 대통령이 더 많이 거부권을 행사한 것입니다. 더욱이 최규하, 전두환, 김영삼, 김대중, 문재인 대통령의 경우에는 법률안 거부권을 행사한 적이 없습니다. 국민을 대변하는 국회에서 과반수 의결로 법률안이 통과되었다는 건 그만큼 대통령도 존중할 필요가 있기 때문입니다. 단순히 나의 생각과 다르다고 해서 함부로 거부권을 행사해서는 안 됩니다.

다음으로 윤석열 대통령은 국회가 정부의 예산을 깎아서 제대로 국가를 운영하기 힘든 상황을 비상계엄 선포의 이유로 들었습니다. 그런데 계엄 선포 당시에 국회는 정부가 제출한 2025년도 예산안을 심의하고 있었습니다. 최종 의결이 끝난 상태가 아니었습니다. 더욱이 당시 사용 중이던 2024년 예산은 이미 확정되어 정상적으로 사용되고 있었어요. 또한 국회는 2025년도 예산안

     1장. 비상계엄을 이겨 낸 시민과 국회

을 일부 삭감했을 뿐이며 이에 관하여 국회의 의사 결정을 최종 확정하는 본회의의 의결이 이루어진 상태도 아니었습니다. 정부에서 얼마든지 관련 자료를 제출하고 여당과 야당이 추가적으로 예산안을 심의하도록 할 수 있었습니다. 협상이 가능한 상태였던 거죠.

윤석열 대통령은 국회를 '자유민주주의 체제를 붕괴시키는 괴물'이라고 표현하기도 했고, '북한 공산 세력의 위협으로부터 자유대한민국을 수호'해야 한다고도 했습니다. 어쩌면 그는 야당을 북한과 같은 적군으로 생각했는지 모릅니다.

민주주의는 다른 생각을 가진 이들이 토론하고 협상하며 최적의 안을 만들어 가는 과정입니다. 더욱이 우리나라는 대통령 중심제로 대통령의 권력은 그 누구보다도 막강합니다. 이를 견제하기 위해 최대한 권력을 행정부, 입법부, 사법부에 나눠 부여함으로써 권력이 남용되거나 독재가 생기지 않도록 하고 있습니다. 그렇다면 야당이 대통령과 다른 정치적 의견을 표시하거나, 정부 정책을 비판하고 대통령의 권한 행사를 견제하려 하는 것은 민주주의 사회에서는 당연한 일입니다. 이것은 "반국가 행위"가 아니라 건강한 민주주의의 일부예요. 대통령과 국회가 갈등하는 모습도 민주주의 사회에서 정상적인 모습이며, 이미 「헌법」은 대통령과 국회

가 균형을 이루며 협력할 수 있는 제도적 장치들을 마련해 두고
있습니다.

생각해 볼 문제

1. 윤석열 대통령은 국회를 괴물로 표현했습니다. 민주주의
   사회에서 정치적 갈등을 어떻게 이해해야 할까요?

2. 왜 반대 의견이 민주주의에서 중요할까요? 모두가 같은 생각
   만 한다면 어떤 문제가 생길 수 있을까요?

 1장. 비상계엄을 이겨 낸 시민과 국회

비상계엄을 선포했을 때, 시민들은 왜 국회로 달려갔나요?

2024년 12월 3일 밤, 윤석열 대통령이 방송으로 비상계엄을 선포하자 수많은 시민들이 한밤중임에도 국회의사당으로 달려갔습니다. 왜 그랬을까요?

시민들은 비상계엄이 「헌법」에 맞지 않다고 생각했고, 국회가 계엄 해제를 결정할 수 있도록 보호해야 한다고 느꼈기 때문이에요. 시민들뿐만 아니라 국회의원의 보좌관들과 국회 직원들도 함께 모여 군인과 경찰이 국회로 들어오지 못하도록 막았어요.

그럼 하필이면 왜 국회였을까요? 앞서 설명했듯이 「헌법」 제77조 제4항과 제5항에서는 계엄이 남용되지 않도록 통제하는 장치를 마련하고 있습니다. 우선 대통령이 계엄을 선포했다면, 즉시 국회에 알려야 합니다. 그리고 국회가 과반수 찬성으로 해제를 요구하면, 대통령은 반드시 계엄을 해제해야 합니다. 즉, 국민의 대표 기관인 국회가 대통령을 견제할 수 있도록 「헌법」이 규정하고 있는 것입니다.

그럼 윤석열 대통령은 이 조항들을 지켰을까요? 아닙니다.

먼저 대통령은 국회에 제대로 알리지 않았습니다. 이후 헌법재판소 탄핵 재판에서 대통령은 대국민 담화가 방송을 통하여 생중계되어 국회의원들이 이 계엄 선포 사실을 실시간으로 알고 있었기 때문에 국회 통고 의무를 위반하지 않았다고 주장했습니다. "TV로 다 봤으니까 국회의원들도 알고 있을 거야"라는 식이었죠. 하지만 헌법재판소는 방송 생중계와 상관없이 국회에 공식적인 통고를 할 의무가 있다고 보았습니다.

더 심각한 문제는, 윤석열 대통령은 군인과 경찰에게 국회의원이 국회로 들어가지 못하도록 막으라고 지시했다는 점입니다. 계엄이 선포된 지 20분 뒤인 밤 10시 50분경 서울경찰청 국회경비대가 국회 출입구를 모두 폐쇄했습니다. 경찰이 국회의원이 국회에 들어가는 것조차 막으면서 국회의원, 보좌진 들과 충돌이 일어났습니다. 국방부 장관은 육군특수전사령관에게 특수임무단 소

     1장. 비상계엄을 이겨 낸 시민과 국회

국회 본관 진입을 시도하는 계엄군.

속 군인들을 국회로 출동시킬 것을 지시하였고, 계엄군 97명은 헬기를 타고 국회를 향해 출동하였습니다. 이런 일을 대통령의 지시를 받지 않고 국방부 장관이 독단적으로 할 수 있었을까요? 그렇지 않습니다. 이후 관계자 증언에 의하면, 윤석열 대통령은 육군 특수전사령관에게 전화를 걸어 '아직 (국회에서 계엄 해제를 요구할 수 있는) 의결 정족수가 채워지지 않은 것 같다. 빨리 국회 문을 부수고 들어가서, 안에 있는 인원들(국회의원들)을 밖으로 끄집어내라'고 직접 지시하였습니다.

국회의사당 앞으로 모여든 시민들.

1장. 비상계엄을 이겨 낸 시민과 국회

국회에 도착한 계엄군은 본관으로 이동하여 출입문을 지켰고 이들 중 16명은 12월 4일 0시 33분경 국회 본관의 유리창을 깨고 내부로 진입하였습니다. 계엄 선포 직후 출동 지시를 받았던 계엄군 170여 명도 추가로 국회 안으로 진입했습니다.

이렇게 다급한 상황에서 시민들이 나섰습니다. 시민들은 다양한 방법으로 계엄군을 막으려 했습니다. 시민들은 모여서 군인(계엄군)과 경찰에게 대화를 시도했습니다. 화를 내고 소리를 지르기도 했지만, 계엄군도 어쩔 수 없는 명령으로 서 있는 만큼 이들을 너무 밀어붙이지 말라고 말리면서 계엄군을 타일렀습니다. 맨몸으로 장갑차를 멈추려고 애쓰는 시민도 있었고 무장한 계엄군을 껴안으면서 제지하는 이들도 있었습니다. 총을 들고 다가오는 계엄군 앞에서 끝까지 버티며 국회 진입을 막은 이들도 있었고 군 차량 앞을 가로막고 스마트폰으로 계엄군들을 촬영하는 시민도 있었습니다. 무장한 계엄군은 시민들이 모여 다가오면 뒷걸음질을 치기도 했습니다. 계엄군들도 이런 상황이 불편하고 혼란스러웠을 거예요.

이렇게 한밤중에 모인 시민들의 용기 있는 행동 덕분에, 많은 국회의원들이 무사히 국회 회의장으로 들어갈 수 있었습니다. 민주주의는 단지 선거로 대표를 뽑는 것만이 아닙니다. 위기 상황에서 시민들이 직접 나서서 「헌법」과 제도를 지키는 것도 포함합니다. 그날 밤, 많은 시민들은 추운 날씨에도 주저 없이 국회로 달려가 민주주의를 지키기 위해 행동했습니다. 그들의 용기와 행동이 민주주의를 지키는 힘이 되었습니다.

생각해 볼 문제

1. 한밤중에 시민들이 국회로 달려간 행동은 민주주의에서 어떤 의미를 가질까요? 일반 시민이 국가의 위기 상황에 적극적으로 참여하고 행동하는 것이 왜 중요한지 토론해 보세요.

2. 위기 상황에서 시민들의 연대가 어떤 힘을 발휘할 수 있는지 이야기해 보세요.

국회에서 비상계엄을
해제할 수 있다고요?

윤석열 대통령의 계엄 선포 후 야당인 더불어민주당은 국회의원들을 긴급 소집했습니다. 계엄 해제에 필요한 절차를 논의하기 위해서였습니다. 「헌법」에 정의한 비상계엄 요건을 생각할 때 대통령이 선포한 비상계엄은 정당하지 않은 것이 분명했기 때문입니다.

계엄을 해제하기 위해서는 국회의원 전체 300명 중 151명 이상이 찬성해야만 했습니다. 문제는 한밤중 짧은 시간 안에, 그리고 국회를 둘러싼 계엄군과 경찰 들의 제지를 뚫고 이 인원이 모두 모일 수 있느냐 하는 것이었습니다. 이에 당시 더불어민주당

담을 넘어 국회로 들어가는 국회의장의 모습.

소화기를 분사하며 계엄군에 대항하는 국회 직원들.

1장. 비상계엄을 이겨 낸 시민과 국회

이재명 대표는 "윤 대통령의 불법적인 비상계엄 선포는 무효"라며 "국민 여러분, 신속하게 국회로 와 달라", "민주주의의 마지막 보루인 국회를 지켜 달라"고 국민들에게 호소했습니다. 국회의장 역시 모든 국회의원들에게 즉시 국회 본회의장으로 모여 달라고 알렸습니다. 계엄령을 해제하려면 국회에서 투표를 해야 했기 때문이죠.

그러나 국회는 계엄군에 의해 이미 출입 통제가 시작된 상태였습니다. 이것은 큰 문제였습니다. 왜냐하면 계엄군이 국회의원들을 체포하거나 가두어 버리면, 투표에 필요한 인원(정족수)을 채우지 못할 수 있었어요. 이렇게 회의 자체가 열리지 못하게 되면, 계엄령을 합법적으로 해제할 방법이 없었죠.

그러자 국회의원들은 계엄군을 피해 국회의 담장을 넘어 진입했습니다. 12월 3일 자정 무렵 국회의원들이 속속 국회로 집결했습니다.

12월 4일 0시 40분 무장한 계엄군은 본회의장 진입을 시도했습니다. 국회 직원들은 소화기를 분사하며 군인들의 진입을 막았습니다. 마치 영화 속 장면 같았지만, 이것은 실제로 일어난 일이었어요.

급박한 순간, 12월 4일 새벽 1시경 국회 본회의장에 들어온 국

비상계엄 해제 요구안 표결 장면.

회의원이 190명에 달했습니다. 이는 필요한 인원 151명을 넘어선 수였습니다. 국회의장은 바로 비상계엄령 해제를 위한 본회의를 개회하고 표결에 들어갔어요. 당연히 190명 전원 찬성했고요. 수는 적지만 여당 의원 18명도 찬성표를 던졌습니다.

이로써 윤석열 대통령이 선포한 비상계엄은 약 2시간 34분 만에 무효가 됐습니다. 국회의장은 계엄 해제 요구 통지서를 대통령실로 전달했습니다. 국회의장은 "국회의 의결에 따라 대통령은 즉시 비상계엄을 해제해야 한다"라며 "이제 비상계엄 선포는 무효"라고 밝혔습니다. 이어 "국회는 국민과 함께 민주주의를 지키겠다. 국회 경내에 들어와 있는 군경은 당장 국회 바깥으로 나가 주시기 바란다"고 덧붙였습니다.

대통령의 거부권은 법률안에 대해서만 행사할 수 있기에 국회의 계엄 해제 요구에 대해서는 거부할 수 없었습니다. 다행히 계엄군은 국회에서 퇴각했지만, 윤석열 대통령은 바로 계엄을 해제하지는 않았어요. 새벽 4시 27분경이 되어서야 대국민 담화를 했습니다.

조금 전 국회의 계엄 해제 요구가 있어 계엄 사무에 투입된 군을 철수시켰습니다. 바로 국무회의를 통해 국회의 요구를 수용하여 계엄을 해제할 것입니다. 다만, 즉시 국무회의를 소집하였지만 새벽인 관계로 아직 의결 정족수가 충족되지 못해서 오는 대로 바로 계엄을 해제하겠습니다.

새벽 4시 30분 윤석열 대통령은 국무회의를 열어 비상계엄을 공식 해제했습니다. 비상계엄 선포로부터 약 6시간 만이었습니다. 그날 밤, 국회는 단순한 건물이 아니라 민주주의의 마지막 보루임을 증명했습니다.

1. 「헌법」 제77조 제5항에 "국회가 재적 의원 과반수의 찬성으로 계엄 해제를 요구하면 대통령은 이를 해제해야 한다"고 규정한 것은 어떤 의미를 가질까요? 이런 조항이 없었다면 어떤 일이 벌어졌을까요?

2. 국회의원들이 계엄군을 피해 담장을 넘어 국회에 들어갔습니다. 이것은 단순히 위험을 무릅쓴 것 이상의 의미가 있습니다. 국회의원의 책임감이란 무엇일까요?

2장

부당한 명령을 따르지 않은
경찰과 군인이 있다고요?

2024년 12월 3일, 계엄령이 선포되고 나서 대한민국은 일촉즉발의 위기 상황과 마주했습니다. 국회 앞으로 국회의원과 시민들이 모이는 가운데 계엄군이 나타난 것입니다. 무장한 계엄군이 등장하고 시민들과 맞서면서 국회 앞은 긴장감이 감돌았습니다. 언제든 총성이 울려 퍼지는 끔찍한 일이 일어날 수 있었기 때문입니다.

하지만 놀라운 장면이 있었습니다. 계엄군과 경찰이 명령을 받고도 행동을 멈추거나 주저하는 모습이 곳곳에서 목격된 것입니다. 그들은 시민들에게 총을 겨누지 않았고, 함부로 무기를 휘두르지 않았습니다. 물론 유리창을 부수고 국회의사당으로 진입하고, 기자를 폭행한 사례도 있었습니다. 하지만 대부분의 계엄군은 시민들과 크게 충돌하지 않았습니다. 일부 부대는 '국회로 향하라'는 지시를 따르지 않았고, 선거관리위원회의 전산 서버를 확보하라는 명령에 불응하기도 했습니다. 부당한 명령이었기 때문입니다. 헌법재판소에서도 이들의 역할을 중요하게 언급했고, 많은 시민들이 "국민을 향해 총을 들지 않은 군인들, 고맙습니다!"라며 감사를 전했습니다. 그런데 이런 모습은 우리의 역사 속에서 찾아볼 수 있답니다. 부당한 명령을 거부하며 시민의 생명을 지킨 진짜 경찰이 있었습니다.

제주도 성산포의 경찰서장이었던 문형순 서장이 바로 그 주인공입니다. 그는 일제강점기 독립운동에 참여했고, 독립 후에는 경찰이 되어 제주에서 근무했습니다. 1947년 제주 4·3 사건 이후, 1950년 군과 경찰은 제주 지역에서 '예비 검속자'라 불리는 사람들을 체포하고 있었습니다. 예비 검속은 범죄를 저지를 가능성이 있는 사람을 미리 단속한다는 뜻이었습니다. 정확한 증거도 없이 혹은 단지 과거 이력이나 주민의 고발만으로 수백 명이 체포되었고, 그중 상당수는 결국 총살당했습니다. 당시 제주 성산포 경찰서에도 그들에 대한 총살 명령이 내려왔습니다.

  2장. 역사를 바꾼 평범한 사람들

제주4·3평화기념관에 소개된 문형순 전 성산포 경찰서장.

이때 문형순 서장은 명령을 따르지 않았습니다. 공식 문서에 '부당함으로 불이행'이라고 불복종의 이유를 분명히 밝혀 두었습니다. 이런 명령 불복종은 당시 상황에서는 목숨을 잃을 정도로 큰일이었습니다. 문형순 서장은 무고한 사람들의 생명을 살리고자 당당히 상부의 명령을 따르지 않았습니다. 덕분에 성산포에서는 278명의 시민들이 목숨을 잃지 않을 수 있었습니다. 또한 1949년 모슬포 경찰서 서장 서리로 재임 중일 때에도 100여 명의 생명을 살렸습니다.

불법 계엄이 내려진 밤, 명령을 따르지 않았던 군인들의 머뭇

거림 속에서 우리나라의 민주주의가 지켜질 수 있었습니다. 명령
이라고 해서 무조건 따르는 것이 얼마나 위험한 일인지, 그리고
위기의 순간 진정 필요한 것은 무엇인지 생각해 보면 좋겠습니다.

생각해 볼 문제

1. 군인과 경찰은 상관의 명령을 따라야 하는 직업입니다. 하지
   만 상관의 명령이 부당하다고 생각될 때 어떻게 해야 할까
   요? 명령 복종과 개인의 양심 사이에서 어떤 선택을 해야 하
   는지 토론해 보세요.

2. 문형순 서장의 선택으로 378명이 목숨을 구했고, 2024년 계
   엄군의 주저함으로 대한민국의 민주주의가 지켜졌습니다.
   역사 속에서 한 개인의 결정이 얼마나 중요한 영향을 미칠 수
   있는지 논의해 보세요.

                         2장. 역사를 바꾼 평범한 사람들

소설책『소년이 온다』를 들고
국회 앞으로 나온 시민들이
있다고요?

"죽은 자가 산 자를 구할 수 있을까?"

이 질문은 작가 한강이 세상에 던진 물음이에요. 한강 작가는 『소년이 온다』라는 소설을 통해 1980년 5월, 광주에서 벌어졌던 참혹한 진실을 조용하지만 뜨겁게 꺼내 놓았죠. 그날, 광주에서는 시민들이 민주주의를 지키기 위해 거리로 나섰고 계엄군은 그런 시민들에게 총칼을 들이댔습니다. 『소년이 온다』는 그날의 비극과 아픔을 무고하게 희생된 한 소년의 시선으로 절절하게 들려줍니다.

한강 작가는 처음엔 이 무거운 이야기를 쓰는 것이 너무나 고

『소년이 온다』 표지.

통스러워 여러 번 포기하려 했다고 합니다. 하지만 어느 날, 마지막까지 야학을 지키다 계엄군에 의해 사망한 박용준 열사의 일기를 읽게 되었고, 그 안의 문장 "하느님, 왜 저에게는 양심이 있어 이렇게 저를 찌르고 아프게 하는 것입니까? 저는 살고 싶습니다"를 읽으면서 소설의 방향을 잡았다고 합니다.

한강 작가는 오랫동안 이런 문장을 적어 왔다고 합니다.

"현재는 과거를 도울 수 있는가?"

"산 자가 죽은 자를 구할 수 있는가?"

그런데 박용준 열사의 일기를 읽으면서 질문을 바꿨습니다.

"과거가 현재를 도울 수 있는가?"

"죽은 자가 산 자를 구할 수 있는가?"

한강 작가는 바꾼 질문을 통해 과거와 현재가 어떻게 맞닿고 있는지를 새롭게 살펴보게 되었다고 합니다.

2024년 12월 3일, 대한민국에서 「헌법」을 어긴 계엄령이 선포되었을 때 처음에는 가짜 뉴스라고 생각한 사람들이 많았습니다.

도무지 믿기지 않는 일이었기 때문입니다. 계엄 같은 일은 이제 역사책이나 영화에서만 나오는 이야기라고 생각했는데, 눈앞에 현실로 일어났기 때문입니다.

수많은 시민들은 두려움에 떨고만 있지 않았습니다. 주저함 없이 국회로 가서 우리 역사가 거꾸로 가는 것을 막았습니다. 그중에는 『소년이 온다』를 품에 안고 국회 앞으로 달려간 사람들이 많았습니다. 그들에게 이 책은 단순한 소설이 아니었습니다. 그것은 다시는 반복하지 말아야 할 역사를 되새기게 하는 기억의 무기였고, 총을 든 계엄군 앞에서도 두려움보다 양심을 붙들게 해 주는 작은 불빛이었습니다. 어떤 시민은 한강 작가의 노벨문학상 수상 소식을 듣고 처음 이 책을 읽게 되었고, 그렇게 광주의 고통을 비로소 알게 되었다고 했습니다. 다시는 같은 비극이 일어나지 않도록 하기 위해 행동하겠다는 시민들이 많았습니다.

『소년이 온다』는 단지 과거를 말하는 책이 아닙니다. 그것은 우리가 다시는 같은 비극을 반복하지 않겠다고 약속하는 책이고, 그 약속을 지키기 위해 스스로를 깨우는 깃발이자 양심의 거울입니다. 죽은 자가 산 자를 구하고, 과거가 현재를 돕는 오늘의 역사를 함께 생각해 볼까요.

1. 역사를 기억하는 것이 왜 중요한지, 그리고 그 기억을 어떻게 보존하고 전달해야 할지 토론해 보세요.

2. 역사를 소재로 한 소설이나 영화가 민주주의를 지키는 데 어떤 역할을 할 수 있을까요? 반대로 어떤 위험성이 있을까요?

맨몸으로 대한민국을 지킨
영웅들이 있다고요?

 '영웅' 하면 어떤 생각이 드나요? 아이언맨이나 슈퍼맨 같은 영화 속 주인공들이 떠오르지 않나요. 그런데 대한민국을 지킨 영웅들은 우리가 아는 영화 속 영웅들과는 차이가 있답니다.

 비상계엄이 선포되었을 때 이게 무슨 뜻인지 몰랐던 사람들도 있지만, 많은 시민들은 빠르게 움직였습니다. 누군가는 유튜브를 보다가, 또 다른 누군가는 친구들과의 모임 자리를 박차고 나와 택시를 타고, 지하철을 타고 국회 앞으로 달려갔습니다. 국회의원들도 즉시 국회로 달려가 출입을 막는 경찰을 피해 담장을 넘었습니다. 늦은 시간이라 차가 운행되지 않아 자전거를 타고 직접 한

비상계엄 당시 국회 출입을 통제하는 경찰과 대치하는 시민들의 모습.

강 다리를 건너 국회로 온 시민도 있었습니다.

국회를 둘러싼 경찰은 국회의원들의 입장을 막았고, 계엄군의 헬기가 국회 안 운동장에 착륙했어요. 무장한 계엄군이 국회 진입을 시도하는 순간 시민들이 막아섰고, 또 다른 시민들은 국회의원들이 담장을 넘는 것을 도왔습니다. "담장을 넘으세요! 우리가 지켜 줄게요!" 누군가는 계엄군에게 외쳤어요. "당신도 대한민국 국민 아닙니까? 왜 같은 국민에게 총을 들이대나요?"

     2장. 역사를 바꾼 평범한 사람들

국회 앞마당에서는 국회의원 보좌진들이 맨손으로 바리케이드를 쌓았어요. 계엄군이 들어오지 못하도록 막으면서 "여기 못 지나갑니다. 이게 국민입니다"라고 말했어요. 그 모습은 마치 1960년 4·19 혁명 당시의 시민들, 1980년 5·18 민주화운동 당시 광주의 시민들을 떠올리게 했어요. 각 방송사들의 생중계와 시민들의 SNS를 통해 이런 위기 상황들은 우리나라뿐만 아니라 전 세계에 알려졌어요.

다행스럽게도 평범한 보통 사람들의 용기 덕분에 6시간 만에 비상계엄은 해제되었습니다. 이후 헌법재판소는 대통령을 파면하며 이렇게 밝혔습니다.

> **국회가 신속히 비상계엄 해제를 결의할 수 있었던 것은, 바로 시민들의 저항과 군경의 소극적 임무 수행 덕분이었다.**

바로 평범한 시민들과 부당한 명령에 머뭇거리며 저항한 군인과 경찰 들의 소중한 역할을 다시 일깨워 준 것입니다.

2025년 4월 4일, 헌법재판소가 대통령을 파면한다는 판결을 내림으로써 대한민국 민주주의 역사에 새로운 장이 열렸습니다. 이 새로운 역사는 특별한 능력을 가진 누군가가 아닌 바로 평범하지만 대한민국의 주인인 시민들이 만들었습니다.

1. 전통적인 영웅과 이번 12월 3일 비상계엄 당시 '평범한 영웅'들의 차이는 무엇일까요?

2. 시민들은 계엄군에게 "왜 같은 국민에게 총을 들이대나요?"라고 물었습니다. 평화적 저항이 폭력적 저항보다 더 효과적일 수 있는 이유는 무엇일까요?

2장. 역사를 바꾼 평범한 사람들

초등학생이 민주주의를
지키기 위해 시위를 했다고요?

1960년 4월, 광화문 거리에서는 민주주의를 지키려는 초등학생들의 시위가 펼쳐졌습니다. 서울 수송초등학교 학생이 경찰이 쏜 총에 맞아 무고하게 숨지는 사건이 있었기 때문입니다. 학생들은 희생된 친구를 기리고 부당함에 항의하며 외쳤습니다.

"부모 형제들에게 총부리를 들이대지 말라!"

이승만 정권은 독재 정권을 유지하기 위해 부정선거를 저질렀다가 국민들의 커다란 저항에 부딪혔습니다. 그런데 평화적으로 시위를 하는 시민들에게 경찰이 총을 발포하여 수많은 희생자가 생겨났습니다. 이에 "우리는 민주정의를 위해 싸운다!"며 초등학

4·19 혁명 당시 초등학생들의 시위 장면.

생을 비롯해 남녀노소 가리지 않고 수많은 시민들이 거리로 쏟아져 나와 민주주의를 위해 싸웠습니다.

결국 국민의 거대한 외침에 이승만 대통령은 하야했고, 10년 넘게 이어졌던 독재 정권은 무너졌습니다. 이것이 4·19 혁명입니다. 이 4·19 혁명의 정신은 대한민국 「헌법」 전문에까지 기록된, 우리 모두의 자랑스러운 역사가 되었습니다. 우리의 「헌법」 전문(머리말)은 다음과 같은 문장으로 시작합니다.

2장. 역사를 바꾼 평범한 사람들

유구한 역사와 전통에 빛나는 우리 대한국민은 3·1 운동으로 건립된 대한민국 임시정부의 법통과 **불의에 항거한 4·19 민주 이념을 계승하고** (……)

4·19 혁명으로부터 60여 년이 지난 2024년과 2025년 우리는 다시 민주주의의 위기 앞에 섰습니다. 「헌법」에 어긋난 계엄령이 선포되고, 국민의 기본권이 위협받는 상황이 벌어진 것입니다. 믿기 힘든 현실이었지만, 사람들은 포기하지 않았습니다. 그때 거리로 나선 사람들 속에는 또다시 4·19 혁명 때처럼 어린이, 청소년 들이 있었고, 함께 나온 가족들이 있었습니다.

이번에는 촛불 대신 응원봉과 스마트폰, 플래카드와 책을 들었습니다. 다양한 구호를 담은 팻말과 깃발이 함께했습니다. "국민에게 총을 겨누지 마라", "민주주의는 멈추지 않는다", "과거를 잊지 마세요", "내가 지켜야 할 오늘" 같은 문구가 새겨진 팻말과 깃발을 높이 들고 사람들은 집회에 참여했습니다. 민주주의를 지키고 부당한 현실을 외면하지 않겠다는 다짐과 용기가 담겨 있었답니다.

1960년 봄 광화문에서 부모 형제들에게 총을 겨누지 말라고 외쳤던 초등학생들의 외침이 여전히 살아 있는 것 같습니다. 2025년 봄 우리는 다시 대한민국의 민주주의를 지켜 냈습니다. 만일 여러분이 팻말이나 구호를 만든다면 어떤 글귀를 쓰고 싶은지 함께 생각해 봅시다.

생각해 볼 문제

1. 1960년 4·19 혁명과 2024~2025년 비상계엄 관련 시위에는 모두 어린이와 청소년 들이 참여했습니다. 민주주의를 지키는 데 있어 어린이와 청소년의 역할은 무엇이라고 생각하나요?

2. 1960년대에는 구호를 외치며 행진했지만, 2024~2025년에는 응원봉, 스마트폰, 다양한 팻말을 사용했습니다. 시위 방식의 변화로 달라진 것은 무엇일까요?

대한민국과
세계의 탄핵 사건
3장

대통령 탄핵 소추는
어떻게 이루어지나요?

비상계엄은 해제되었지만, 여기서 끝이 아니었어요. 윤석열 대통령이 「헌법」과 민주주의를 어기는 심각한 행동을 했기 때문에 이에 대한 책임을 물어야 했죠. 또한, 불법적인 계엄을 선포한 대통령이 그대로 대통령직을 유지하게 되면 미래에 또다시 권력을 남용할 위험이 있었어요. 잘못된 비상계엄을 또 할 수 있기 때문입니다. 그때는 이번처럼 국회에서 해제 요구를 하지 못할 수도 있고, 국회에서 해제 요구 결의안을 통과시켜도 대통령이 계엄을 해제하지 않을 수도 있습니다.

만약 그런 상황이 벌어진다면, 법을 지키지 않는 대통령을 어떻게 물러나게 할 수 있을까요? 다행히도 우리 「헌법」은 이런 경우를 대비해 '탄핵'이라는 제도를 마련해 두었답니다. 탄핵은 대통령이 「헌법」이나 법률을 심각하게 위반했을 때, 그 책임을 물어 자리에서 물러나게 하는 제도예요.

대통령을 탄핵하는 과정은 꽤 복잡하고 시간이 걸려요. 이렇게 어렵게 만든 이유는 신중하게 진행하기 위해서랍니다. 탄핵은 국가의 최고 지도자를 파면하는 매우 중대한 일이니까요. 대통령 탄핵 심판은 크게 3단계로 나눠집니다.

1단계는 국회의원들이 탄핵안을 제안해야 합니다. 국회의원들이 "대통령에게 문제가 있으니 헌법재판소의 판단이 필요합니다"라고 공식적으로 말해야 해요. 이것을 '탄핵 소추안 발의'라고 해요. '소추'는 한자로 '하소연할 소(訴)', '쫓을 추(追)' 자를 써요. 이는 법적으로 책임을 묻기 위해 재판에 넘긴다는 의미예요. 따라서 탄핵 소추안 발의란 국회의원들이 대통령을 재판에 넘기기 위해서 안건을 올린다는 뜻입니다. 이런 탄핵 소추안을 발의하기 위해서는 국회 재적 의원 과반수, 즉 151명 이상이 필요합니다.

2단계는 국회에서 탄핵안에 대해 찬반 표결을 해야 합니다. 국회 재적 의원 3분의 2 이상이 찬성해야만 합니다. 국회의원 200명이상이 찬성해야만 하는 것이죠. 탄핵안이 의결되면 대통령의 권

　　　　　　　　　3장. 대한민국과 세계의 탄핵 사건

한은 바로 정지됩니다. 이렇게 높은 찬성률이 필요한 이유는 정치적 목적으로 무분별하게 탄핵안을 발의하는 것을 방지하기 위해서예요.

3단계는 헌법재판소에서 최종 판단을 내려야 해요. 국회에서 탄핵 소추안이 통과되더라도, 바로 대통령이 물러나는 것은 아니에요. 헌법재판소는 대통령의 행위가 정말로 「헌법」과 법률을 위반했는지 자세히 따져 봐야 합니다. 그러고 나서 헌법 재판관 9명 중 6명 이상이 찬성해야 대통령은 파면됩니다. 만약 찬성 의견이 6명이 안 된다면 대통령은 바로 직무에 복귀해서 계속 일할 수 있습니다. 참고로 이번 탄핵 재판은 헌법 재판관 중 한 명이 임명되지 않은 상황이어서 8명의 재판관이 참여했습니다.

이와 같은 절차에 따라 비상계엄 해제 후 사흘 만인 12월 7일 국회에서 탄핵안이 제안되었습니다. 그 내용 중 일부를 보여 드리겠습니다. 잘 모를 수 있는 단어 등은 설명을 덧붙여 놓을 테니 한 번 읽어 보세요.

> 대한민국 「헌법」 제1조는 "대한민국은 민주공화국이다. 대한민국의 주권은 국민에게 있고, 모든 권력은 국민으로부터 나온다"라고 선언하여, 국민주권주의[1]를 천명하고 있다. 대통령은

주권자인 국민으로부터 직접 선거를 통하여 권력을 위임[2]받은 국가 원수이자 행정부의 수반[3]으로서 국민에 의해 성립한 「헌법」을 준수하고 수호할 책무를 지며(「헌법」 제66조), 대통령직을 성실히 수행할 의무가 있다(「헌법」 제69조). 또한 대통령은 「헌법」과 법률이 정한 바에 따라 조국의 독립과 영토의 보전 및 국가의 계속성을 수호하기 위한 범위에서 국군을 통수해야 하며(「헌법」 제66조, 제74조), 부당하게 권한을 남용하여 국민의 자유와 권리를 침해해서는 아니 된다(「헌법」 제69조). 이러한 「헌법」 정신은 대통령이 '법치와 준법의 존재'이며, "「헌법」을 경시[4]하는 대통령은 스스로 자신의 권한과 권위를 부정하고 파괴하는 것"으로서 대통령 자격을 스스로 상실하는 것이다.

한편 「헌법」 제65조 제1항은 대통령이 그 직무 집행에 있어 「헌법」이나 법률을 위배한 때에는 국회는 탄핵의 소추를 의결할 수 있다. 「헌법」의 수호자이자 수범자[5]인 대통령 스스로 「헌법」과

1 나라의 가장 큰 권력은 국민에게 있고, 국민이 나라를 움직이게 한다는 뜻이에요.

2 어떤 일을 다른 사람에게 맡기는 것 또는 권한이나 책임을 다른 사람에게 넘겨주는 것을 말합니다. 국민이 직접 나라를 다스리기 어려우니 대통령에게 대신 이러한 일을 맡겼다는 것입니다.

3 수반은 한자로 '머리 수(首)', '우두머리 반(班)'을 써요. 어떤 조직이나 나라의 '대표'나 '가장 책임 있는 사람'을 말해요. 여기서는 대통령을 뜻하죠.

4 경시는 한자로 '가벼울 경(輕)', '볼 시(視)'를 써요. 가볍게 여기고, 중요하지 않게 생각한다는 뜻입니다.

법률을 위반하여 자기파괴적 자기부정[6]에 이르렀을 때 다른 한 축으로서 국민으로부터 직접 권력을 위임받은 국회가 탄핵 소추를 의결하여 대통령을 그 직에서 파면함으로써 헌정 질서를 복원하는 것 또한 국민의 대표인 국회의 「헌법」상 의무인 것이다.

그런데 윤석열 대통령은 직무 집행에 있어서 이하에서 보는 바와 같이 「헌법」과 법률을 광범위하게 그리고 중대하게 위배하였다.

윤석열 대통령은 2024년 12월 3일 22시 28분경 「헌법」이 요구하는 그 어떠한 계엄의 요건을 충족하지 못하였음에도 불구하고 「헌법」과 법률을 위반하여 원천 무효인 비상계엄을 발령함으로써, 국민주권주의(「헌법」 제1조), 권력 분립의 원칙, 군인 등 공무원의 정치적 중립성(「헌법」 제5조 제2항, 제7조 제2항), 정당제와 정당 활동의 자유(「헌법」 제8조), 거주 이전의 자유(「헌법」 제14조), 직업 선택의 자유(「헌법」 제15조), 언론·출판과 집회·결사 등 표현의 자유(「헌법」 제21조), 근로자의 단체행동권(「헌법」 제33조), 대의민주주의(「헌법」 제41조), 불체포특권[7](「헌법」 제44조),

국회의원의 표결권(「헌법」 제49조), 대통령의 「헌법」 수호 책무(「헌법」 제66조)와 대통령직의 성실한 수행 의무(「헌법」 제69조, 「국가공무원법」 제56조), 조국의 독립과 영토의 수호 및 국가의 계속성을 법률에 의한 국군 통수 의무(「헌법」 제74조), 「헌법」상 계엄의 요건과 절차 및 계엄 해제 절차(「헌법」 제77조), 국무위원들의 국무회의 심의권(「헌법」 제89조 제5호)을 침해하거나 위반하는 등 「헌법」을 위반하였고, 국가 비상사태에 대비하여 부득이한 경우에 부여한 대통령의 비상 대권[8]인 비상계엄 발령권을 그 요건이 불비[9]함이 명백함에도 불구하고 이를 남용하였고(「계엄법」 제2조 제2항), 국무회의 심의를 고의 누락[10]하였으며(「계엄법」 제2조 제5항), 국회의 계엄 해제에 지체 없이 응할 의무(「계엄법」 제11조 제1항)를 위반하는 등 법률을 위반하였다.

> 7 국회의원이 국회 회의 중일 때, 함부로 체포하거나 구속할 수 없는 권리입니다.

> 8 국가 비상사태에 대통령이 특별한 비상조치를 취할 수 있는 권한을 말합니다.
>
> 9 불비는 한자로 '아닐 불(不)', '갖출 비(備)'를 써요. 준비가 부족하거나, 완전하지 않은 상태를 뜻합니다.
>
> 10 누락은 한자로 '샐 누(漏)', '떨어질 락(落)'을 써요. 들어가야 할 것이 빠진 상태를 말합니다. 여기서는 국무회의의 검토를 일부러 빠뜨렸다는 뜻입니다.

이렇게 해서 국회에서 대통령 탄핵에 대한 찬반 투표를 진행합니다. 하지만 여당 의원들이 집단적으로 퇴장해 불참하면서 무산

3장. 대한민국과 세계의 탄핵 사건

됩니다. 그리고 다시 탄핵안이 제안되어 12월 14일 찬반 표결을 합니다. 이때 재적 의원 300명 중 204명이 찬성하여 가결됩니다. 임시정부 당시 이승만 대통령을 제외하고 대한민국 헌정사상 2004년 노무현 대통령, 2016년 박근혜 대통령에 이은 3번째 대통령 탄핵안 의결이었습니다.

그리고 뒤에 얘기하겠지만 헌법재판소에서 2025년 4월 4일 헌법 재판관 전원의 찬성으로 윤석열 대통령은 파면됩니다. 2017년 박근혜 대통령에 이어 탄핵으로 대통령 자리에서 물러난 사건이었습니다.

생각해 볼 **문제**

1. 탄핵이라는 제도가 왜 필요할까요? 만약 이런 제도가 없다면 어떤 문제가 생길 수 있을까요?

2. 탄핵 과정이 3단계(발의-의결-헌법재판소 심판)로 복잡하게 설계된 이유는 무엇일까요? 이렇게 신중한 절차가 필요한 이유를 토론해 보세요.

고대 아테네에
탄핵 제도 같은 게 있었다고요?

탄핵 제도의 역사를 알아보기 위해서는 고대 그리스의 아테네로 가야 합니다. 바로 '민주주의'가 처음 시작된 곳이죠. 약 2,500년 전, 아테네 사람들은 세계 최초로 시민들이 직접 정치에 참여하는 제도를 만들었어요. 이 아테네에서는 민주주의를 지키기 위한 아주 독특한 제도가 있었습니다. 바로 '도편추방제(Ostracism)'입니다.

'도편'이란 깨진 도자기 조각을 뜻하는 말이에요. 오늘날로 치면 일종의 투표 용지였던 셈이죠. 매년 한 번, 아테네 시민들은 광장에 모여 누가 지나치게 많은 권력을 가졌는지, 누가 민주주의를 위

　　　　　3장. 대한민국과 세계의 탄핵 사건

고대 아테네에서 사용된 도편.

협할 수 있는지에 대해 투표했습니다. 시민들은 각자 도자기 조각에 자신이 추방하고 싶은 사람의 이름을 새겼고, 6000명 이상이 이렇게 지목하면 그 인물은 10년 동안 아테네에서 추방되었습니다.

도편추방제의 가장 흥미로운 점은, 추방된 사람이 꼭 무슨 나쁜 일을 했다는 의미는 아니라는 거예요. 아테네 사람들은 여러 상황을 고려해 볼 때 그 사람이 앞으로 권력을 너무 많이 갖게 될까 봐 미리 경계했던 거죠. 추방 처분을 받은 자의 재산은 유지되고, 가족도 그대로 남아 있을 수 있었지만, 정치적 영향력만은 철저히 차단되었습니다. 이건 마치 축구에서 레드카드를 받은 선수가 잠시 경기에서 빠지는 것과 비슷해요. 게임이 공정하게 진행될 수 있도록 하는 규칙인 거죠.

결국 도편추방제는 그 사람이 현재 위험하다는 것이 아니라, 미래에 위험해질 가능성이 있다는 판단에 따라 미리 대비한 것이었죠. 이런 제도를 통해 아테네 사람들은 민주주의가 독재나 폭정으로 흐르는 것을 사전에 막고자 했습니다. 아테네 사람들은 단순히 자유롭게 사는 것뿐만 아니라, 도시의 미래에 대해 함께 책임지는 것이 중요하다고 생각했기 때문입니다. 그들에게 '시민'이란 권리만 누리는 것이 아니라, 공동체를 위해 책임을 다하는 사람을 의미했죠. 이렇듯 도편추방제는 시민 스스로가 권력의 균형을 지키고자 하는 노력의 상징이었습니다.

이제 시선을 현대 사회로 돌려 볼까요? 오늘날 우리가 사는 민주주의 국가들도 고대 아테네의 정신을 바탕으로 발전해 왔습니다. 지금의 민주주의 역시 '견제와 균형'이라는 원칙을 중심으로 작동하고 있죠.

예를 들어, 우리나라를 포함한 대부분의 민주주의 국가에서는 권력을 입법부, 행정부, 사법부라는 세 영역으로 나누고 있습니다. 이를 삼권 분립이라고 하죠. 이는 각각의 기관이 각자의 권한을 행사하면서도, 동시에 서로를 감시하고 견제하는 구조를 말합니다. 특정 인물이나 집단이 권력을 독점하지 못하도록 하는 장치인 거예요.

민주주의는 단지 투표로 대표자를 뽑는 것에 그치지 않습니다. 권력이 시민의 뜻에 따라 움직이고, 언제든지 시민이 그것을 감시하고 통제할 수 있어야 비로소 건강한 민주주의가 유지될 수 있어요.

이런 점에서 탄핵 제도는 민주주의에서 중요한 역할을 합니다. 이것은 도편추방제처럼 권력 남용을 사전에 막고 국민의 권리를 지키기 위한 안전장치이기 때문입니다. 다만 아테네의 도편추방제와 다른 점은 '미래에 위험해질 가능성'만으로 탄핵을 할 수는 없다는 것입니다. 명백하게 「헌법」을 위반하고 민주주의에 위배되는 중대한 잘못을 저지른 경우 그 직에서 파면하는 것입니다.

영국에서 최초로
탄핵 판결이 있었다고요?

탄핵 제도는 언제, 어디서, 어떻게 처음 시작되었을까요? 지금 우리에게 익숙한 이 제도는 무려 약 650년 전, 14세기 말 영국에서 시작되었습니다. 그 시작점에 대한 흥미로운 이야기를 해 볼게요.

1376년, 영국에서는 윌리엄 라티머 남작이라는 귀족이 있었습니다. 그는 당시 영국의 왕이었던 에드워드 3세와 매우 가까운 사이였고, 왕의 신임을 받아 국가의 재정(돈)을 관리하는 중요한 자리에 있었습니다. 오늘날의 '기획재정부 장관'과 비슷한 위치였어요. 국가의 돈을 어떻게 쓸지 결정하는 중요한 역할을 맡은 거죠.

하지만 라티머는 자신이 가진 이 권력을 바르게 쓰지 않았어요. 그는 국가의 돈을 가로채고, 군사 물자 계약을 자신에게 유리한 쪽으로 조작하면서 막대한 부를 챙기기 시작합니다. 그의 부패한 행동은 결국 일반 국민들의 삶에까지 나쁜 영향을 미쳤습니다.

국가의 재정을 책임져야 할 자가 국민의 돈을 자신의 이익을 위해 사용한다면 나라는 어떻게 될까요? 이 소식이 퍼지자 영국 의회, 특히 하원 의원들이 매우 화가 났습니다. 당시에는 국왕의 권력이 절대적이었던 시대였습니다. 국왕이 "이 사람은 내가 믿는 사람이야"라고 하면, 아무도 그 사람에게 문제를 제기하지 못했죠. 하지만 하원 의원들은 용기를 내어 라티머의 처벌을 공식적으로 요청했습니다. 이것은 매우 큰 도전이었습니다.

여기서 잠깐, 하원 의원은 무엇일까요? 우리나라는 의회가 하나(국회)만 있는 단원제이지만, 영국은 두 개의 의회가 있습니다. 이걸 양원제라고 해요. 하원은 국민이 직접 선출한 의원들이 모인 곳으로, 국민의 목소리를 가장 잘 반영하죠. 정부를 감시하고, 법을 만들고, 예산을 정하는 등 실제 정치의 중심 역할을 합니다. 총리도 보통 하원에서 나와요. 반면 상원은 대부분은 왕이 임명하거나 귀족 가문 출신이고, 일부는 종교 지도자나 법률 전문가 등입니다. 하원이 만든 법을 한번 더 점검하고 조언하는 역할을 해요.

영국의 국회의사당. 하원과 상원 의회장이 건물 안에 함께 있으며
웨스트민스터 궁전으로 불리운다.

그럼 라티머 남작은 어떻게 되었을까요? 상원에서도 그를 옹
호하지는 않았습니다. 결국 탄핵되어 직책에서 해임되고 왕실의
보호를 받지 못하게 됐습니다.

흥미로운 점은 라티머 남작만 타격을 입은 것이 아니라는 거예
요. 이 사건으로 인해 에드워드 3세 국왕의 권력에도 균열이 생기
기 시작했습니다. 이전까지는 "왕이 선택한 사람은 아무도 건드
릴 수 없다"고 여겨졌는데, 이제는 사람들 사이에 "그 사람이 잘
못했다면, 왕이 선택했더라도 책임을 물을 수 있다"는 생각이 생

   3장. 대한민국과 세계의 탄핵 사건

졌기 때문입니다. 이로 인해 정치적 혼란이 가중되고 국왕의 통제력이 약화되었습니다. 이처럼 탄핵 제도는 중앙 정부와 왕권을 송두리째 뒤흔들 수 있는 강력한 정치적 도구로 기능했습니다.

이후 영국 의회는 권력자들을 견제하는 도구로서 탄핵 제도를 법으로 제도화했습니다. 하원에서 탄핵을 소추하고, 상원에서 심판하는 방식으로 진행되었습니다. 쉽게 말해 하원이 먼저 "이 사람 문제 있어요!"라고 고발하는 역할을 하고, 상원은 그 말을 듣고 "정말 잘못을 했는지 아닌지"를 판단해서 결정하는 역할을 한 것이지요.

1626년부터 1715년 사이, 약 90년 동안 영국에서는 무려 57건의 탄핵 소추가 있었고, 그중 5명은 실제로 처벌받았습니다. 이로 인해 정치인들 역시 "나도 언제든 탄핵될 수 있다"는 경각심을 갖고 책임감 있게 일에 임하고 국왕도 자신의 측근을 마음대로 임명하지 못하고 보다 신중해졌습니다. 이는 의회가 점점 왕보다 힘을 가지게 되는 전환점이 되었습니다.

이처럼 탄핵 제도는 영국의 의회 정치 안에서 왕과 귀족, 그리고 국민 대표가 갈등하고 조율하면서 탄생했습니다. 단순한 처벌이 아니라, 권력의 남용을 방지하고 국민의 뜻을 반영하는 제도적 장치로서 발전해 온 것이죠.

1. 윌리엄 라티머가 왕의 신임을 받아 중요한 자리에 있었음에도 부패를 저지른 이유는 무엇일까요? 권력이 클수록 부패의 유혹도 커진다고 생각하나요?

2. 처음에는 하나의 사건이었던 탄핵이 나중에 법으로 제도화되었습니다. 제도화가 왜 중요한지, 그리고 이것이 민주주의 발전에 어떤 영향을 미쳤는지 토론해 보세요.

미국에서 세계 최초 대통령 탄핵 사건이 있었다고요?

탄핵 제도는 영국에서 최초로 시작되었고, 주로 장관과 같은 고위 관료가 그 대상이었습니다. 그렇다면 국가의 최고 지도자인 대통령에 대한 탄핵이 이뤄지기도 했을까요? 최초로 대통령 탄핵 소추가 일어난 나라는 바로 미국이었어요.

흥미로운 점은 미국은 대통령제를 만든 나라이면서도 세계에서 가장 먼저 대통령 탄핵 소추가 일어난 나라라는 점입니다. 그 주인공은 앤드루 존슨 대통령입니다. 이 사람은 미국 역사에서 매우 중요한 시기에 대통령이 되었죠. 바로 노예제를 폐지한 에이브러햄 링컨 다음의 대통령입니다.

링컨 대통령은 1865년 4월 14일, 연극을 보던 중 암살당합니다. 링컨 대통령이 재선으로 두 번째 대통령직을 시작한 지 한 달만이었습니다. 당시 부통령이었던 앤드루 존슨은 그다음 날 갑자기 대통령 자리를 물려받게 되었죠. 문제는 이 시기가 미국이 남북전쟁을 치르고 있던 아주 어려운 때였다는 점입니다. 미국은 1861년부터 1865년까지 노예제를 둘러싸고 약 4년간 남북전쟁이라는 끔찍한 내전을 치렀습니다. 링컨이 암살당했을 때는 남군이 항복한 지 5일 후였지만, 완전한 평화가 찾아온 것은 아니었습니다. 그로부터 7개월여가 지난 1865년 11월 6일에 이르러서야 북부 연방 정부에 항복하는 것을 반대했던 조직의 사령관이 최종적으로 항복하며 종료되었습니다. 무엇보다 전쟁으로 분열된 나라를 다시 하나로 만들어야 하는 회복이 필요한 시기였습니다.

북부는 노예제를 없애고 통일된 미국을 원했고, 남부는 여전히 노예제를 유지하면서 독립하려고 했죠. 존슨은 남부 출신이지만, 통일된 미국을 원했던 사람이었습니다. 그래서 링컨이 그를 남북을 잇는 다리로 생각하고 부통령 후보로 선택했던 것입니다.

그런데 문제는, 존슨이 대통령이 된 이후 벌어졌습니다. 당시 북부의 공화당 급진파 의원들은 노예를 해방시키고, 흑인의 권리

앤드루 존슨 대통령.

를 보호하고, 남부의 권력을 약화시키려 했죠. 남부인의 선거권 박탈까지 주장하고 있었습니다. 하지만 존슨은 이들과 반대 방향으로 행동했어요. 흑인 권리엔 관심이 없었고, 남부 백인들의 입장을 더 많이 고려했습니다. 쉽게 말해, 존슨은 "남부 사람들이 전쟁에 졌지만 공정하게 대우받아야 해요"라는 입장이었고, 의회 다수는 "남부는 처벌받아야 하고, 흑인들은 더 많은 권리를 가져야 해요"라는 입장이었죠.

무엇보다 존슨은 의회가 만든 법안을 계속 거부했습니다. 갈등이 계속 쌓이다가 '공직자 해임 금지법'으로 결국 폭발했습니다. 1867년에 제정된 이 법은 대통령이 마음대로 정부 관리(장관)를 해임하지 못하게 막는 법이었습니다. 이는 존슨의 권한을 제한하기 위한 것이었죠. 그런데 존슨은 이 법을 무시하고 자신과 생각이 다른 국방부 장관을 해임해 버렸어요. 이건 당시로선 매우 큰 문제였습니다.

결국 1868년, 미국 하원은 존슨을 탄핵하자고 결정합니다. 그가 법을 어기고 권력을 남용했다는 등 11가지 탄핵 사유를 내세웠습니다. 미국 역시 앞서 영국처럼 하원이 탄핵을 시작하고, 상원이 탄핵 여부를 최종 판단했습니다. 참고로 미국은 왕이 없으므로 영국과 달리 상원 의원도 직접선거로 국민이 선출합니다.

결과는 어떻게 되었을까요? 하원을 통과하고 상원에서 의결이 진행되었습니다. 상원에서 3분의 2 이상이 찬성해야 탄핵이 확정될 수 있었습니다. 당시 미국 상원의원 숫자로는 최소한 36명의 찬성이 필요했습니다. 결과는 찬성 35표, 반대 19표로 딱 한 표가 부족해서 탄핵이 부결되고 말았습니다.

'법적으로 살아남았다'는 말이 곧 '정치적으로 승리했다'는 뜻은 아니었습니다. 존슨 대통령은 이미 국민과 의회의 신뢰를 완전히 잃은 상태였어요. 사실상 대통령으로서의 힘을 거의 잃고, 이빨 빠진 호랑이가 되어 버렸죠. 그리고 다음 해 치러진 1869년 대통령 선거에서 남북전쟁의 영웅이었던 율리시스 그랜트 장군이 공화당 후보로 대통령에 당선되면서 존슨은 역사의 무대에서 조용히 퇴장하게 됩니다.

임기 내내 의회와 싸우고, 법을 무시하고, 흑인의 권리를 외면한 존슨은 지금도 많은 역사학자들과 국민들에게 미국 역사상 최

   3장. 대한민국과 세계의 탄핵 사건

미국 하원의
존슨 대통령 탄핵
결의문에 찬성한
의원들의 서명
(1868년 2월 24일에
채택).

악의 대통령 중 한 명으로 꼽힙니다. 그의 정책은 해방된 흑인들의 권리 보장을 지연시키고, 남부에서 인종차별적 법률이 만들어지는 데 간접적으로 기여했다고 평가되기도 합니다.

이 사건은 비록 법적 탄핵에는 실패했지만 탄핵이라는 제도가 얼마나 강력한 정치적 도구가 될 수 있는지를 보여 주는 대표적인 사례로 남았죠. 또한 권력의 제한과 법치주의가 얼마나 중요한지를 보여 주는 좋은 예시이기도 합니다. 민주주의는 단순히 선거로 대표자를 뽑는 것만이 아니라, 그 대표자들이 법과 제도 안에서 권력을 행사하도록 감시하고 견제하는 시스템이기도 하다는 것을 기억해야 합니다.

생각해 볼 문제

1. 존슨은 단 한 표 차이로 탄핵을 면했지만, 사실상 정치적으로는 실패한 대통령이 되었습니다. 법적 탄핵과 정치적 실패의 차이는 무엇일까요?

2. 미국이 대통령제를 만든 나라이면서도 최초로 대통령 탄핵을 시도한 것은 어떤 의미를 가질까요? 강력한 권력일수록 견제가 필요한 이유는 무엇일까요?

　　　　　　　　　　3장. 대한민국과 세계의 탄핵 사건

우리나라 최초의 탄핵 사건이
대한민국 임시정부에서 있었다고요?

우리나라에서 최초로 탄핵이 이루어진 때는 언제일까요? 놀랍게도 지금으로부터 약 100년 전인 1925년에 있었습니다. 더 놀라운 것은, 그 탄핵의 주인공이 바로 대한민국의 초대 대통령이 된 이승만이었다는 사실입니다.

1925년은 대한민국 임시정부 시기입니다. 임시정부는 우리나라가 일본에게 주권을 빼앗긴 상태에서, 독립운동가들이 1919년 3·1 운동 이후 중국 상하이에서 임시로 세운 정부입니다. '임시'라고 한 것은 나라를 되찾은 후에 정식 정부를 세우기 전까지 잠시 운영한다는 뜻이었어요. 하지만 이 '임시'는 무려 27년 동안 지속

되었답니다. 대한민국 임시정부는 독립운동의 중심 기관으로, 독립군을 조직하고, 외교 활동을 펼치며, 독립을 위한 다양한 활동을 계획하고 실행했습니다. 일제강점기에 우리 민족의 독립을 위해 해외에서 활동한 소중한 정부였어요. 다른 나라에 망명해 있었지만, 한국인들에게는 진짜 정부로 인정받았죠.

이승만은 임시정부의 초대 대통령으로서 독립운동을 이끌어야 할 책임자였어요. 그런데 왜 탄핵을 당하게 된 것일까요?

이승만은 혼자서 너무 많은 일을 결정하고, 다른 독립운동가들과 잘 협력하지 않았습니다. 또 실제로는 임시정부가 있었던 중국 상하이가 아니라 미국 워싱턴에 머무르며 임시정부를 운영하기도 했습니다. 무엇보다 '임시정부 헌법'에 어긋나는 행동을 했습니다.

그중 가장 큰 문제는 1919년 〈위임 통치 청원서〉를 미국 대통령 윌슨에게 보낸 일입니다. 청원서에는 지금 대한민국은 스스로 나라를 지키기 어려우니 독립 후에도 당분간 미국이 중심이 된 국제연맹이 대한민국을 대신 다스려 달라는 내용이 담겨 있었습니다. 쉽게 말해, "우리가 못하니 대신 좀 해 주세요"라는 요청이죠.

이 청원서의 내용이 알려지자, 다른 독립운동가들은 분노했습니다. "우리는 우리 스스로 독립하려고 싸우고 있는데, 다른 나라

    3장. 대한민국과 세계의 탄핵 사건

이승만 대통령.

한테 대신 다스려 달라고 하다니!" 특히 신채호 선생은 "이승만은 나라를 일본에 팔아먹은 이완용보다 더한 매국 역적이다"라며 혹독하게 비판하기도 했습니다.

이 문제는 점점 커졌고, 임시정부 안에서도 이승만을 계속 믿고 대통령 자리에 두어야 하는지에 대한 논의가 시작됐습니다. 그리고 1925년 3월 23일, 대한민국 임시정부의 의회인 임시의정원에서 이승만을 대통령 자리에서 탄핵하기로 결정합니다. 임시의정원은 오늘날 국회와 같은 기관입니다. 이승만은 그렇게 우리나라 역사에서 처음으로 탄핵당한 대통령이 되었습니다. 당시는 지금처럼 헌법재판소가 있는 것도 아니었기에 임시의정원에서 결정되었던 것이죠.

이승만은 해방 이후 1948년에 대한민국 초대 대통령으로 선출되었습니다. 이후 법을 어기면서까지 계속해서 대통령을 하려 하고 자신을 비판하는 사람들을 용납하지 않으면서 독재 정권화되었어요. 네 번 연속 대통령을 하면서 각종 문제가 심화되었습니다. 특히 1960년 3월 15일, 제4대 대통령 선거에서 대규모 부정행위를 저지른 것이 탄로 났습니다. 이승만 측은 투표함에 미리 표를 넣거나 죽은 사람 이름으로 투표하거나, 심지어 한 사람이 투표를 여러 번 하게 하는 등 불법적인 방법으로 선거를 치렀어요. 국민들, 특히 학생들은 크게 분노했어요. "공정한 선거로 우리가 원하는 대표를 뽑고 싶다"는 기본적인 민주주의 원칙이 무시된 것이니까요. 국민들은 더 이상 참지 않고 거리로 나와 저항했습니다.

그해 4월 19일, 학생들을 중심으로 전국에서 대규모 시위가 일어났어요. 이것이 바로 '4·19 혁명'입니다. 결국 1960년 4월 26일, 이승만은 국민들의 저항을 더 이상 막을 수 없다고 판단하고 스스로 대통령직에서 물러났어요. 이렇게 스스로 관직에서 물러나는 것을 '하야'한다고 합니다. 그리고 그는 곧 하와이로 망명을 떠났습니다.

이승만 대통령의 이야기는 민주주의의 중요한 교훈을 담고 있어요. 그는 임시정부에서 한 번, 그리고 4·19 혁명으로 또 한 번, 두 차례나 국민의 뜻에 의해 자리에서 물러나야 했습니다. 이 역사적 사실은 우리에게 몇 가지 중요한 가르침을 줍니다. 첫째, 권력을 오래 가지면 부패할 수 있다는 것입니다. 둘째, 민주주의는 단순히 투표하는 제도가 아니라 공정한 선거와 국민의 감시가 있

4·19 혁명 당시 거리로 뛰쳐나온 사람들.

어야 진정한 의미를 가진다는 것입니다. 셋째, 국민이 단결하여 행동할 때 부당한 권력도 바로잡을 수 있다는 희망의 메시지를 전해 줍니다. 그리고 이런 과거의 경험들이 모여 오늘날 우리가 누리는 민주주의의 토대가 되었습니다.

1. 대한민국 임시정부에서 이뤄진 탄핵에 대해 어떻게 생각하나요?

2. 이승만은 두 번이나 국민의 뜻에 의해 대통령 자리에서 물러났습니다. 역사가 반복되는 이유는 무엇이며, 이런 반복을 막을 수 있는 방법은 무엇일까요?

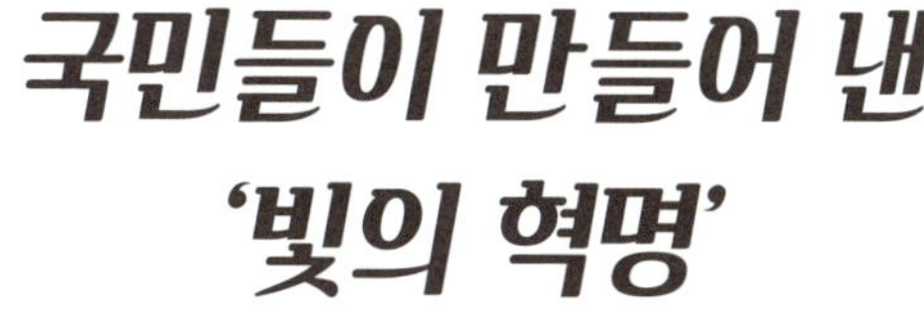

국민들이 만들어 낸
'빛의 혁명'
4장

시민들이 비폭력 평화 시위로
세상을 바꿔 냈다고요?

2025년 봄, 대한민국은 세계사에 남을 커다란 변화를 만들어 냈습니다. 바로 시민들이 비폭력 평화 시위로 민주주의를 지키고, 대통령을 파면시킨 '빛의 혁명'을 이루어 냈기 때문입니다. 우리나라 역사뿐 아니라 세계사 속에서 또 하나의 명장면으로 기억될 만한 일이었습니다.

비폭력 평화 시위는 세계 여러 나라에서도 이뤄져 왔습니다. 대표적인 사례 중 하나는 체코슬로바키아의 '벨벳 혁명'입니다. 1989년 프라하에서는 독일 나치 정권이 체코슬로바키아를 점령했을 당시 반나치 시위를 벌이다 희생당한 대학생의 50주년 추도

1989년 벨벳 혁명 당시 거리로 나온 시민들.

식이 있었습니다. 그런데 1만 5000여 명이 모인 이 추모 행사는 독재를 일삼던 정권에 대한 민주화 시위로 바뀌었습니다. 당시 체코슬로바키아는 40년 넘게 공산당의 독재 아래 있었거든요. 시위대는 민주주의를 요구하면서 행진했습니다.

시위대는 경찰에 꽃을 건네며 평화 행진을 했습니다. 하지만 경찰은 시위대에게 폭력을 행사하여 시위대 중 170여 명이 큰 부상을 당했습니다. 이제 시위는 프라하뿐만 아니라 체코슬로바키아 전 지역으로 번졌습니다. 하루에만 75만여 명의 시민이 모이고,

　　　　　4장. 국민들이 만들어 낸 '빛의 혁명'

전 국민의 75퍼센트가 총파업에 참여하는 등 거대한 시민 항쟁이 일어났습니다. 결국 단 한 발의 총성 없이 독재 정권이 무너졌습니다. '피 한 방울 흘리지 않고 이뤄 낸 민주주의'라는 뜻에서 이 사건을 '벨벳 혁명'이라 부른답니다. 벨벳은 '조용하고 부드러운'이라는 뜻이거든요.

1986년 필리핀에서는 '피플 파워 혁명'이 있었습니다. 1965년 대통령에 당선된 페르디난드 마르코스는 20년 넘게 독재를 이어 갔습니다. 1986년에 새로 선거가 치러졌지만 부정선거로 다시 마르코스가 당선되었습니다. 필리핀 시민들은 더 이상 참지 않았습니다. 마닐라 시민 100만여 명이 거리로 나와 부정선거에 항의했습니다. 마르코스는 군대를 동원해 이들을 진압하려 했지만 놀랍게도 군 수뇌부가 이를 거부했습니다. 결국 시민들의 평화로운 시위에 독재자는 무릎을 꿇고 물러났고 새로운 민주주의의 길이 열리게 되었답니다.

미국에서는 1963년 '워싱턴 대행진'이 있었습니다. 이 집회는 흑인 민권 운동을 이끈 마틴 루서 킹 목사의 연설로도 유명해졌습니다. "나에게는 꿈이 있습니다(I Have a Dream)"라고 시작하는 그의 연설은 당시 현장에 모인 사람들뿐 아니라 이후 세계의 많은 사람들에게 큰 울림을 주었습니다. 이 집회에는 25만 명이 모였

1963년 워싱턴 대행진에서 연설하는 마틴 루서 킹 목사.

지만 평화 시위로 이루어져 흑인 인권과 평등을 향한 운동에 커다란 전환점이 되었습니다. 워싱턴 대행진은 단순한 집회가 아니라 미국 사회의 근본적인 변화를 요구하는 강력한 외침이자 행동이었습니다. 킹 목사는 연설에서 모든 사람이 피부색이 아닌 인격에 따라 평가받는 세상을 꿈꾼다고 말하며 미국의 건국 정신을 강조했습니다. 이후 미국에서는 시민권법(1964년)과 투표권법(1965년)이 제정되면서 법적으로 인종 차별을 금지하는 조치들이 마련되었고 킹 목사는 그 공로로 1964년 노벨평화상을 수상했습니다.

2025년, 우리 대한민국에서도 비슷한 일이 벌어졌습니다.

4장. 국민들이 만들어 낸 '빛의 혁명'

2025년 4월 4일 헌법재판소의 윤석열 대통령 파면 결정을 듣고 환호하는 시민들.

2024년 12월 3일, 「헌법」에 어긋난 비상계엄령을 대통령이 선포하자 시민들은 분노하면서도 절대 폭력에 기대지 않았어요. 형형색색 반짝거리는 응원봉을 들고 거리로 나온 시민들을 비롯해 이들을 보호하기 위해 노란 조끼를 입은 자원봉사자들, 의료진, 플랫폼을 만든 시민들까지 모두가 각자의 방식으로 광장을 지켰고 거리에서 민주주의를 지켜 냈습니다. 그리고 마침내 2025년 4월 4일, 헌법재판소는 대통령을 파면했고, 국회는 국민에게 공식 감사문을 전하며 이 순간을 역사로 기록했습니다.

1. 체코의 벨벳 혁명, 필리핀의 피플 파워 혁명, 미국의 워싱턴 대행진, 한국의 빛의 혁명에는 어떤 공통점이 있나요? 이러한 운동들이 성공할 수 있었던 요인은 무엇일까요?

2. 왜 시민들은 민주주의를 지키기 위해 이토록 노력할까요? 민주주의가 우리 삶에 미치는 영향은 무엇이며, 왜 그것을 지켜야 할까요?

폴란드 도심 한복판에 있는 동상에는 특별한 의미가 있다고요?

폴란드의 브로츠와프 도심에는 특별한 동상이 있습니다. 횡단보도를 사이에 두고 양쪽 보도에는 7명의 인물 동상이 있어요. 지팡이를 짚은 노인, 유모차를 끄는 엄마, 중절모를 쓴 신사, 등교하는 학생, 직장에 출근하는 사람, 시위에 나선 사람, 타이어를 든 노동자가 그 주인공들입니다. 과연 이 동상에는 어떤 사연이 있는 것일까요?

1981년 폴란드에서는 계엄령이 선포되어 독재를 일삼는 정부에 비판적인 시민, 정치인, 노동자 등 반정부 인사들을 5000명 넘게 체포하며 탄압했습니다. 처음에는 계엄으로 인해 공포 분위기

브로츠와프 도심에 자리한 〈익명의 사람들〉 동상.

4장. 국민들이 만들어 낸 '빛의 혁명'

가 만들어졌지만, 탄압으로 시민들의 저항의 움직임을 잠재울 수는 없었지요. 1982년 5월과 8월, 계엄령 아래에서도 국민들이 대대적인 반정부 시위를 펼쳤습니다. 노동자들은 일터에서 파업을 하고, 외교관들은 해외로 망명하는 등 계엄령 반대 시위를 멈추지 않았어요. 이런 노력 끝에 1983년 7월 마침내 폴란드 정부는 계엄을 해제했습니다. 하지만 자유를 원하는 시민들과 노동자들에 대한 탄압은 여전히 계속되었어요. 이에 폴란드 시민들과 노동자들은 민주화 운동을 펼쳐 마침내 1989년 민주 정부를 세웠답니다.

브로츠와프 도심 한복판에서 만나는 동상의 제목은 〈익명의 사람들〉입니다. 이름 모를 사람들이 정부 당국의 불법적인 계엄령 선포로 평온한 일상을 빼앗긴 상황과 이에 굴하지 않고 저항하며 민주주의를 되찾은 역사를 상징적으로 표현한 것이랍니다. 보도블록 바닥을 뚫고 가라앉는 모습은 계엄으로 인해 일상이 파괴된 현실을 상징해요. 반대로 솟아오르는 모습은 계엄 상황 속에서도 굴하지 않고 함께 연대하며 끝내 민주주의를 만들어 낸 폴란드 국민들의 모습을 담아낸 것입니다.

계엄 상황에서는 체포와 함께 가혹한 탄압이 이어지면서 희망이 보이지 않았어요. 그럼에도 폴란드 국민들은 용기를 잃지 않고 독재 정권에 맞서 새로운 희망을 만들어 냈습니다. 이와 같은 역사를 잊지 않고 기억하기 위해 평범한 보통 사람들의 동상을 거리 한복판에 세워 둔 것입니다.

우리나라는 2024년 12월 3일 선포된 계엄에 시민들이 맞서며 다시 민주주의를 되찾았습니다. 그렇다면 우리는 과연 어떤 조형물을 만들어 2024년의 겨울과 2025년의 봄을 기억하고 나누면 좋을까요.

생각해 볼 문제

1. 폴란드의 <익명의 사람들> 동상처럼 역사적 사건을 예술 작품으로 표현하는 것의 의미는 무엇일까요? 예술이 역사를 기억하는 데 어떤 역할을 할 수 있을까요?

2. 5000명이 넘게 체포되는 탄압 속에서도 폴란드 국민들이 계속 저항할 수 있었던 이유는 무엇일까요? 두려움을 극복하는 힘은 어디서 나올까요?

    4장. 국민들이 만들어 낸 '빛의 혁명'

'탄핵 굿즈'가 된 신문이
있다고요?

12월 3일 비상계엄 이후 중요한 시기마다 특별판 신문인 호외가 발행되어 큰 화제가 되었습니다. 호외는 긴급히 중요한 소식을 전달하기 위해 발행되는 신문입니다. 이때까지 호외는 가끔 근현대사를 다룬 드라마에서나 볼 수 있었을 뿐 현실에서는 거의 보기 드문 존재였어요. 그런데 이번에 호외가 등장한 것입니다. 단번에 호외는 사람들의 마음을 사로잡으며 역사의 기록물로서 재조명받고 있답니다.

호외는 단순한 신문을 넘어 이제는 '탄핵 굿즈'로 불리며 역사적 순간을 기념하는 선물로 자리매김했습니다. 사람들은 이 호외를 소장하며 그 당시의 역사적 순간을 영원히 기억하고 싶어 했습니다. 중고 거래 플랫폼에서는 호외를 구하는 글을 쉽게 찾아볼 수 있었고, 실제로 큰 인기를 끌며 가격이 급등하는 현상도 발생했습니다.

호외는 역사적 기록물로서의 가치를 지니고 있습니다. 무엇보다 호외는 사건이 발생함과 동시에 발행되는 경우가 많으므로 당시의 현장을 가장 생생하게 담고 있어요. 호외는

2024년 12월 14일 국회의 대통령 탄핵 소추안 가결 때 호외.

우리 사회가 체험한 갈등의 기록이자, 또 그 갈등을 넘어 통합을 이루고 민주주의를 어떻게 발전시켜 나가야 할지에 대한 고민의 기록이기도 합니다. 또 호외는 이후 세대가 과거의 사건들을 바라보는 시각을 형성하는 데 중요한 역할을 하고 있어요. 사람들은

4장. 국민들이 만들어 낸 '빛의 혁명'

호외를 소장함으로써 역사 속에서 자신이 어떤 위치에 있었는지를 상기하고, 자신의 생각과 감정을 전달하는 소통의 도구로 활용하고 있습니다.

호외가 단순한 정보 전달의 매체에서 역사적 기념품으로 발전한 모습은 참으로 흥미롭습니다. 특히, 10대와 20대가 호외에 관심을 가지고 지금의 현실에 적극 참여하는 것은 미래의 대한민국을 위한 긍정적인 출발점이 될 수 있습니다. 여러분이 이번 사건을 주제로 호외 1면을 만든다면 과연 어떤 제목과 내용으로 구성할지 생각해 봅시다.

2025년 4월 4일 헌법재판소의 대통령 파면 선고 때 특별판.

1. 호외는 사건이 발생한 직후 발행되어 그 순간의 분위기를 그대로 담고 있습니다. 이런 '현장성'이 역사 이해에 어떤 영향을 줄까요?

2. 10대와 20대가 호외에 큰 관심을 보인다고 합니다. 젊은 세대가 역사적 사건에 관심을 갖는 것의 의미는 무엇이며, 이것이 사회에는 어떤 영향을 줄까요?

대한민국 국회가 국민에게 감사의 글을 보냈다고요?

2025년 4월 4일, 대한민국 국회에서는 아주 특별한 일이 일어났습니다. 바로 '국민께 드리는 감사문'을 공식 채택한 것이에요. 국회가 국민에게 감사의 뜻을 담아 공식 문서를 채택한 건, 4·19 혁명 이후 65년 만의 일이었어요. 그만큼 매우 이례적이고 의미 있는 일이었죠. 그런데 왜 국회는 이렇게 오랜만에 국민에게 직접 감사를 전하게 된 걸까요?

그 배경에는 우리 모두가 지켜 낸 민주주의의 역사적인 순간이 있었어요. 지난 2024년 12월 3일, 내란 우두머리 윤석열 당시 대통령은 「헌법」에도 맞지 않는 비상계엄령을 선포했습니다. 이 결정은 국민의 자유와 권리를 심각하게 제한하며, 대한민국의 민주주의를 위협하는 위험한 일이었어요.

하지만 우리 국민들은 두려워하지 않았습니다. 수많은 시민들이 국회 앞과 광장, 거리로 나와서 폭력 없이, 평화롭게, 꾸준하게 123일 동안 집회와 행진을 이어 갔습니다. 모두가 각자의 자리에서 민주주의를 지키겠다는 마음이 하나로 모였던 거예요. 그리고 그 힘은 결국 커다란 변화를 만들었습니다. 2025년 4월 4일, 헌법재판소는 윤석열 대통령의 파면을 결정했습니다. 국민이 만든, 국민에 의한, 국민을 위한 민주주의의 승리였어요.

이처럼 위기의 순간에 국민들이 보여 준 용기와 평화로운 행동은 국회의 마음까지도 움직였어요. 그래서 그날, 국회는 본회의를 열고 〈12·3 윤석열 비상계엄을 저지한 대한민국 국민께 드리는 감사문〉을 채택했습니다. 무려 187명의 국회의원이 진심을 담은 감사를 보낸 것이죠. 감사문에는 이런 말이 담겨 있었어요.

> "2024년 12월 3일 비상계엄의 밤부터 2025년 4월 4일 대통령 윤석열 파면의 날까지 장장 123일 동안 지속되었던 우리 국민의 결연한 저항과 평화적 항거는 대한민국 역사에 영원히 빛날 것입니다."

    4장. 국민들이 만들어 낸 '빛의 혁명'

식민지역사박물관이 기획한 〈민주주의와 깃발〉 전시장에 진열된
시민들이 기증한 '윤석열 탄핵' 집회 현장에서 사용된 응원봉들.

"헌정 질서가 위태로울 때마다 떨쳐 일어나 국헌을 바로 세우
고 민주주의를 지켜 낸 우리 국민의 위대함과 슬기로움에 국회
는 깊이 감사하며 무한한 존경과 신뢰를 표합니다."

이는 단순한 인사말이나 칭찬이 아니랍니다. 민주주의를 지키
기 위해 행동한 시민 한 사람, 한 사람의 목소리가 얼마나 소중한지
를 국가의 가장 높은 입법 기관이 공식적으로 인정한 선언입니다.

대한민국 국회가 국민에게 감사의 글을 보냈다고요?　　　　　　… 113

국회가 마지막으로 국민에게 보내는 감사문을 채택했던 건, 1960년 4·19 혁명 이후였어요. 그때도 시민들은 독재에 맞서 일어나 민주주의와 정의를 지켜 냈습니다. 그리고 65년이 지난 지금, 우리는 또 한번 국민들의 힘으로 민주주의를 지켜 냈습니다. 이번 국회의 감사문은 단순한 문서가 아니라 우리의 행동 하나하나가 역사를 바꿀 수 있다는 강력한 증거입니다. 예전에는 '민주주의'라고 하면 대통령이나 국회의원 같은 정치인들이 하는 일이라고 생각했을 수도 있어요. 하지만 이번 비상계엄 사건을 통해 민주주의는 국민이 만드는 것이라는 점을 분명히 알게 되었습니다.

생각해 볼 문제

1. 123일 동안 지속된 시민들의 행동이 변화를 만들었습니다. 장기간의 평화로운 저항이 성공할 수 있었던 요인은 무엇일까요?

2. 국회가 국민에게 보낸 감사문에서 "우리 국민의 위대함과 슬기로움"을 언급했습니다. 이번 사건에서 국민들이 보여 준 '슬기로움'은 구체적으로 어떤 것이었나요?

 4장. 국민들이 만들어 낸 '빛의 혁명'

12·3 윤석열 비상계엄을 저지한
대한민국 국민께 드리는 감사문

대한민국 국회는 민주적 결단과 과감한 행동으로 대한민국을 수호한 우리 국민께 무한한 경의와 감사를 드립니다.

2024년 12월 3일 비상계엄의 밤부터 2025년 4월 4일 대통령 윤석열 파면의 날까지 장장 123일 동안 지속되었던 우리 국민의 결연한 저항과 평화적 항거는 대한민국 역사에 영원히 빛날 것입니다.

대통령 윤석열이 국헌을 문란케 할 목적으로 전국에 비상계엄을 선포하며 폭동을 일으켰을 때 우리 국민은 분연히 떨쳐 일어나 대한민국을 구했습니다. 경찰과 계엄군이 국회를 봉쇄하고 국회의사당을 침탈하자 주권자인 우리 국민은 주저 없이 국회 앞으로 달려 나왔습니다. 국회 진입을 시도하는 계엄군의 장갑차량을 온몸으로 막고, 국회를 봉쇄한 경찰의 방패를 밀어내며, 국회를 침탈하는 계엄군의 총부리를 맨손으로 헤치고 민주주의의 길목을 지켜 주었습니다.

자칫 목숨이 위태로울 수 있는 지경에도 새벽을 밝히며 국회를 지킨 국민은 단 한 순간도 흔들리지 않았습니다. 그리하여 마침내 위헌·위법한 비상계엄을 해제하도록 국회를 지켜 내고, 탄핵 소추 의결로 대통령 윤석열의 직무를 정지하며 내란 세력을 진압할 수 있었습니다.

우리 국민의 필사적인 저항과 도움으로 국회는 재적 국회의원 300명 중 190명이 본회의에 출석하여, 2024년 12월 4일 오전 1시 재석 의원 전원의 찬성으로 비상계엄 해제 요구를 결의할 수 있었습니다. 이로써 대통령 윤석열의 위헌·위법적인 비상계엄은 선포된 지 2시간 34분 만에 저지되었습니다. 대통령 윤석열은 국회의 결의 즉시 국무회의를 소집하여 계엄을 해제해야 함에도 독선과 아집으로 시간을 끌다가 12월 4일 새벽 4시 27분 해제를 선언하였습니다. 그가 일으켰던 내란은 6시간 만에 완전한 실패로 돌아갔으며, 12월 14일 국회에 의하여 내란 행위로 탄핵 소추되었고, 마침내 2025년 4월 4일 헌법재판소의 결정으로 그 우두머리가 파면되었습니다.

국민 여러분은 스스로 역사의 빛이 되었습니다. 대한민국과 전 세계는 5·18의 주먹밥이 12·3의 선결제로 이어지고, 2016년 촛불 혁명이 2024년 빛의 혁명으로 승화한 모습을 보았습니다. '소중한 것을 지키려 들고 나온 내게 가장 소중한 빛'은 서로가 서로를 응원하는 빛

   4장. 국민들이 만들어 낸 '빛의 혁명'

이었습니다. 서로가 서로를 배려하고 존중하는 빛이었습니다. 평화와 사랑과 연대의 빛, 민주주의를 지키는 빛이었습니다. K-팝의 합창과 함께 어우러져 세대와 성별과 계층을 뛰어넘어 국민 모두가 튼튼하게 연대한 이 빛의 물결을 대한민국과 세계는 결코 잊지 않을 것입니다.

1894년 동학농민혁명, 1919년 3·1 독립운동, 1960년 4·19 혁명, 1980년 5·18 광주 민주화운동, 1987년 6월 민주 항쟁, 2016년 촛불 혁명의 역사가 2024년 12월 내란에서 대한민국을 구했습니다. 과거의 역사가 현재의 역사를 구원했고, 과거의 죽음이 현재의 삶을 지속시킨 새 역사를 국민 스스로 써 내려 갔습니다.

대한민국 국회는 한밤중의 내란 사태로 인해 정신적 충격과 불안으로 고통을 겪고 있는 모든 국민께 깊은 위로를 전하며, 하루빨리 충격과 불안에서 벗어나 건강과 일상을 회복하기를 기원합니다. 아울러 위헌·위법한 비상계엄으로 피해를 입은 모든 국민에 대하여 그 실태를 조사하고 적절한 배상과 지원 대책이 마련될 수 있도록 최선을 다하겠습니다.

또한 대한민국 국회는 내란의 주모자들에 의해 강제로 동원되었지만, 임무를 회피하거나 소극적으로 임했던 계엄군 병사들과 총칼로 무장했으면서도 끝내 국민을 해치지 않으려 했던 계엄군 병사들을 기억합니다. '죄송합니다'라고 연신 고개를 숙이며 돌아섰던 계엄군 병사의 안타까운 눈빛에서 이들 역시 대한민국의 선량한 국민임을 깨닫습니다.

대한민국 국회는 「헌법」과 법률이 부여한 권한으로 12·3 윤석열 내란 사태의 전모를 밝히고 그 책임자들에게 상응하는 책임을 물을 것임을 국민 앞에 다짐합니다. 내란 사태가 완전히 종식되고, 그 세력들이 상응하는 법적 책임을 질 때까지 대한민국 국회는 국민과 함께할 것입니다.

헌정 질서가 위태로울 때마다 떨쳐 일어나 국헌을 바로 세우고 민주주의를 지켜 낸 우리 국민의 위대함과 슬기로움에 대한민국 국회는 깊이 감사하며 무한한 존경과 신뢰를 표합니다. 대한민국 국민과 이 시대를 함께할 수 있어서 영광입니다.

4장· 국민들이 만들어 낸 '빛의 혁명'

헌법재판소 파면 결정문을 같이 읽어 볼까요?

헌법재판소는 2025년 4월 4일 윤석열 대통령을 파면합니다. 파면이라는 것은 대통령을 그만두게 한다는 것이죠. 대통령은 국민이 선거를 통하여 뽑았으니 임기 중에 파면하는 것은 정치적 혼란 등 국가적으로 큰 손실을 가져올 수밖에 없습니다. 따라서 매우 신중하게 판단해야만 합니다.

헌법재판소는 대통령의 법 위반 행위로 인해 「헌법」 질서에 미치는 부정적인 영향이 매우 중대한 경우에만 대통령의 파면 사유를 인정합니다. 대통령 파면으로 인한 손실보다 「헌법」을 지킴으로써 얻는 이익이 압도적으로 커야 하고요.

그렇다면 헌법재판소는 왜 윤석열 대통령을 파면했을까요? 그가 선포한 비상계엄은 국무회의를 제대로 거치지 않는 등「헌법」에 정해진 절차를 위배했을 뿐만 아니라 「헌법」에 규정한 비상계엄을 할 수 있는 조건에도 맞지 않았기 때문이에요. 윤석열 대통령은 재판 중에 자신이 선포한 비상계엄은 야당의 문제점을 국민에게 알리기 위한 목적의 '경고성 계엄'이라는 주장을 했습니다. 금방 해제할 것으로 생각하고 했기에 문제될 것이 없다는 논리였어요. 하지만 헌법재판소는 계엄 선포권의 남용 또는 악용은 헌법 질서에 초래할 수 있는 해악이 매우 중대하다고 보았습니다. 따라서 이런 '경고성 계엄'은 인정될 수 없다고 했습니다.

그럼 헌법재판소의 최종 결론을 함께 읽어 보겠습니다. 중요한 문장은 까만색 굵은 글씨로 표시했어요. 조금 어려울 수 있는 단어는 보충 설명을 달았습니다. 참고로 여기서 '피청구인'은 윤석열 대통령을 말합니다.

  4장. 국민들이 만들어 낸 '빛의 혁명'

헌법재판소의 윤석열 파면 결정문 중 결론 부분

가. 대한민국은 민주공화국이다(「헌법」 제1조 제1항).

민주주의는, 개인의 자율적 이성을 신뢰하고 **모든 정치적 견해**

들이 각각 상대적 진리성과 합리성을 지닌다고 전제하는 다원

적 세계관[1]**에 입각**한 것으로서,

대등한 동료 시민들 간의 **존중과**

박애[2]**에 기초한 자율적이고 협력**

적인 공적 의사 결정을 본질로

한다.

피청구인이 취임한 이래, 국회의

다수 의석을 차지한 야당이 일방

적으로 국회의 권한을 행사하는

일이 거듭되었고, 이는 피청구인

을 수반[3]으로 하는 정부와 국회

사이에 상당한 마찰을 가져왔다.

피청구인이 대통령에 취임하여 이 사건 계엄을 선포하기까지

1 세상에는 한 가지 정답만 있는 게 아니라, 여러 가지 생각과 가치가 함께 존재할 수 있다는 생각입니다. 종교도 여러 가지가 있고, 문화도 나라별로 다르고, 사람마다 중요하게 여기는 것도 다르기 때문이죠. 이러한 다양성을 존중하고 받아들이는 태도가 바로 다원적인 세계관입니다.

2 박애는 한자로 '넓을 박(博)', '사랑 애(愛)'를 써요. 모든 사람을 넓고 깊게 사랑하는 마음을 뜻합니다. 즉 가까운 사람뿐 아니라, 낯선 사람도 따뜻하게 대하고 도와주려는 마음이에요.

3 수반은 한자로 '머리 수(首)', '우두머리 반(班)'을 써요. 어떤 조직이나 나라의 '대표', '가장 책임 있는 사람'을 말해요. 여기서는 대통령을 뜻하죠.

2년 7개월도 안 되는 기간 동안 22건의 탄핵 소추안[4]이 발의되었다. 야당이 주도한 이례적으로 많은 탄핵 소추로 인하여 여러 고위 공직자의 권한 행사가 탄핵 심판 중 정지되었다.

국회의 예산안 심사도 과거에는 감액이 있으면 그 범위에서 증액에 대해서도 심사하여 반영되어 왔으나, 헌정 사상 최초로 국회 예산결산특별위원회[5]에서 야당 단독으로 증액 없이 감액에 대해서만 의결을 하였다. 특히 국회 예산결산특별위원회는 대통령비서실, 국가안보실, 경찰청의 특수활동비[6], 검찰과 감사원의 특수활동비 및 특정업무경비 예산의 전액을 각 감액하는 의결을 하였는데, 이 가운데는 검찰의 국민 생활 침해 범죄 수사, 사회적 약자 대상 범죄 수사, 마약 수사, 사회 공정성 저해 사범 수사, 공공 수사 등 수사 지원 관련 예산이 포함되어 있었다.

피청구인이 수립한 주요 정책들은 야당의 반대로 시행될 수 없

 　　　　　　　　4장. 국민들이 만들어 낸 '빛의 혁명'

---

4 대통령을 탄핵한 것처럼 야당이 잘못을 저질렀다고 판단한 장관, 검사 들을 탄핵해야 한다며 헌법재판소에 재판을 요청한 것을 말합니다.

5 정부의 예산을 국회에서 검토할 때 본회의 전에 먼저 검토하는 회의를 말합니다.

6 정부에서 특별한 임무를 위해 따로 주는 돈을 말합니다. 비밀스럽게 범죄를 조사할 때 등 비용을 어디에 썼는지 자세히 공개하기 어려운 경우가 있어서, 일반 예산과는 다르게 처리됩니다. 그런데 이렇게 사용 내역을 자세히 밝히지 않다 보니 "혹시 누가 함부로 쓰는 건 아닐까?" 이런 의심이 생기기도 해요. 그래서 잘 쓰이고 있는지 감시하는 것도 중요하고요. 국회에서는 이러한 특수활동비를 줄이자고 했던 것이죠.

었고, 야당은 정부가 반대하는 법률안들을 일방적으로 통과시켜 피청구인의 재의 요구와 재의에서 부결된 법률안의 재발의 및 의결이 반복되는 상황[7]이 발생하였다.

그 과정에서 피청구인은 행정부의 수반이자 국가원수로서 야당의 전횡[8]으로 국정[9]이 마비되고 국익이 현저히 저해[10]되어 가고 있다고 인식하여 이를 어떻게든 타개[11]하여야만 한다는 막중한 책임감을 느끼게 되었을 것으로 보인다. 이 사건 계엄 선포 및 그에 수반한[12] 조치들은 국정 최고 책임자로서 피청구인이 가지게 된 이러한 인식과 책임감에 바탕을 둔 것으로 이해할 수 있다.

피청구인이 야당이 중심이 된 국회의 권한 행사에 관하여 권력의 남용이라거나 국정 마비를 초래하는 행위라고 판단한 것은 그

7 국회에서 법률안을 통과시키면 대통령이 거부권을 행사하면서 국회에서 다시 결의할 것을 요구했습니다. 윤석열 대통령은 임기 2년 7개월 동안 국회의 법률안을 25번이나 거부했습니다. 이렇게 대통령과 국회가 대립한 상황을 말합니다.

8 전횡은 한자로 '오직 전(專)', '가로막을 횡(橫)'을 써요. 혼자 마음대로 권력을 휘두르는 것을 말합니다. 자기 멋대로 결정하고 행동하는 것이에요.

9 국가 정치로서 나라를 다스리는 일을 말해요.

10 저해는 한자로 '막을 저(阻)', '해칠 해(害)'를 써요. 어떤 일이 잘되지 못하게 막거나 방해하는 것을 뜻해요. 따라서 '국익이 현저히 저해된다'라는 표현은 국가에 도움이 되는 일을 심하게 방해하고 있다란 말입니다.

11 타개는 한자로 '칠 타(打)', '열 개(開)'를 써요. 막혀 있는 상황을 쳐서 연다라는 뜻이에요. 어려운 상황이나 문제를 해결하고 나아가는 것을 말합니다.

12 어떤 일에 따라붙는 것, 함께 일어나는 것을 뜻해요.

것이 객관적 현실에 부합하는지 여부나 국민 다수의 지지를 받고 있는지 여부를 떠나 정치적으로 존중되어야 한다.

다만, 피청구인 내지 **정부와 국회 사이의 이와 같은 대립은 일방의 책임에 속한다고 보기는 어려우며, 이는 민주주의 원리에 따라 조율되고 해소되어야 할 정치의 문제이다.** 이에 관한 정치적 견해의 표명이나 공적인 의사 결정은 어디까지나 「헌법」상 보장되는 민주주의의 본질과 조화될 수 있는 범위에서 이루어져야 한다.

나. 피청구인은 야당이 다수 의석을 차지한 제22대 **국회와의 대립 상황을 병력을 동원하여 타개하기 위하여 이 사건 계엄을 선포**하였다.

민주국가의 국민 각자는 서로를 공동체의 대등한 동료로 존중하고 **자신의 의견이 옳다고 믿는 만큼 타인의 의견에도 동등한 가치가 부여될 수 있음을 인정**해야 한다. 국회는 당파의 이익[13]이 아닌 국민 전체의 이익을 위하여야 한다는 점에서 소수 의견을 존중하고, 정부와의 관계에서도 관용과 자제를 전제로 한 대화와 타협을 통하

> **13** '당파'란 비슷한 생각을 가진 사람들이 모인 정치 집단으로 여기서는 정당을 말해요. 당파의 이익이란 나라 전체보다 자기 정당만 잘되게 하려고 하는 이익이에요.

여 결론을 도출하도록 노력하였어야 한다. 피청구인 역시 국민의 대표인 국회를 「헌법」이 정한 권한 배분 질서에 따른 협치[14]의 대상으로 존중하였어야 한다. 그럼에도 불구하고 **피청구인은 국회를 배제의 대상으로 삼았는데,** 이는 민주 정치의 전제를 허무는 것으로 민주주의와 조화된다고 보기 어렵다.

다. 우리 「헌법」은 기본적 인권의 보장, 국가 권력의 「헌법」 및 법률 기속, 권력 분립 원칙, 복수 정당 제도[15] 등 국가 권력이나 다수의 정치적 횡포를 바로잡아 민주주의를 보호할 자정 장치[16]를 마련하고 있으므로, 피청구인으로서는 야당이 중심이 된 **국회의 권한 행사가 다수의 횡포라고 판단했더라도** 「헌법」이 예정한 자구책[17]을 통해 견제와 균형이 실현

될 수 있도록 하였어야 한다.

우리 「헌법」은 대통령제에서 대통령의 권력 남용을 우려하여 **대통령의 국회 해산권**[18]**을 규정하고 있지 않다.** 그러나 대통령과 국회의원의 임기의 차이 등으로 인하여 대통령선거와 국회의원선거가 일정한 간격을 두고 치러짐에 따라 **대통령으로서는 임기 중에 국회를 새롭게 구성하는, 즉, 국회 해산과 마찬가지의 효과를 거둘 기회를 갖는 경우가 있다.** 피청구인의 경우도 자신의 취임으로부터 약 2년 후에 치러진 제22대 국회의원선거에서 그와 같은 기회를 가졌다. 피청구인에게는, 야당의 전횡을 바로 잡고 피청구인이 국정을 주도하여 책임정치를 실현할 수 있도록 국민을 설득할 2년에 가까운 시간이 있었다.

그 결과가 피청구인의 의도에 부합하지 않았고 피청구인이 느끼는 위기의식이나 책임감 내지 압박감이 막중하였다고 하여, 「헌법」이 예정한 경로를 벗어나 야당이나 야당을 지지한 국민의 의사를 배제하려는 시도를 하여서는 안 되었다. 피청구인은 선거를 통해 나타난 국민의 의사를 겸허히 수용하고 보다 적극

     4장. 국민들이 만들어 낸 '빛의 혁명'

적인 대화와 타협에 나섬으로써 「헌법」이 예정한 권력 분립 원칙에 따를 수 있었다.

현행의 권력 구조가 견제와 균형, 협치를 실현하기에 충분하지 않고, 국회의 반대로 인하여 국가 안위에 관한 중요 정책을 실현할 수 없으며, 선거 제도나 관리에 허점이 있다고 판단하였다면, 「헌법」 개정안을 발의하거나(「헌법」 제128조), 국가 안위에 관한 중요 정책을 국민투표에 부치거나(「헌법」 제72조), 정부를 통해 법률안을 제출하는 등(「헌법」 제52조), 권력 구조나 제도 개선을 설득할 수 있었다. 설령 야당의 목적이나 활동이 우리 사회의 민주적 기본 질서에 대하여 실질적인 해악을 끼칠 수 있는 구체적 위험성을 초래하는 데 이르렀다고 판단하였더라도, 정부의 비판자로서 야당의 존립과 활동을 특별히 보장하고자 하는 「헌법」 제정자의 규범적 의지를 준수하는 범위에서 헌법재판소에 정당의 해산을 제소[19] 할 것인지를 검토할 수 있었다(「헌법」 제8조 제4항).

그러나 피청구인은 「헌법」과 법률이 정한 계엄 선포의 실체적 요건[20]이 충족되지 않았음에도 절

[19] 정당 해산이란 '정당을 없애는 것', 즉 나라에서 어떤 정당이 더 이상 활동하지 못하게 만드는 것을 말합니다. 어떤 정당이 폭력을 사용하거나, 나라의 「헌법」을 무시하거나, 민주주의를 해치려는 행동을 하면 정부(법무부 장관)에서 정당 해산 심판을 신청해서 헌법재판소에서 판단을 합니다. 정부의 우두머리인 대통령이 야당이 「헌법」에 어긋나는 행동 등을 했다고 판단하면 정당 해산을 신청할 수 있는 것이죠.

차를 준수하지 않은 채[21] 계엄을 선포함으로써 부당하게 군경[22]을 동원하여 국회 등 헌법 기관[23]의 권한을 훼손[24]하고, 정당 활동의 자유와 국민의 기본적 인권을 광범위하게 침해하였다. 이는 국가 권력의 「헌법」과 법률에의 기속[25]을 위반한 것일 뿐 아니라, 기본적 인권의 보장, 권력 분립 원칙과 복수 정당 제도 등 우리 「헌법」이 설계한 민주주의의 자정 장치 전반을 위협하는 결과를 초래하였다. 피청구인이 이 사건 계엄의 목적이라 주장하는 '야당의 전횡에 관한 대국민 호소'나 '국가 정상화'의 의도가 진실이라고 하더라도, 결과적으로 민주주의에 헤아릴 수 없는 해악을 가한 것이라 볼 수밖에 없다.

20 실체적 요건이란 어떤 일이 성립되기 위해 꼭 갖춰야 할 '진짜 내용'이나 '조건'을 뜻합니다. 계엄 선포의 실체적 요건이란 전쟁이 실제로 일어났거나 큰 폭동이나 무장 반란 등으로 나라가 위험해졌거나 이와 비슷하게 나라 전체가 위험한 상황이었어야 하는 조건을 말합니다.

21 윤석열 대통령은 계엄 선포 전에 국무회의를 제대로 거치지 않았습니다.

22 군인과 경찰을 줄여서 '군경'이라고 합니다.

23 「헌법」에 따라 만들어지고, 「헌법」에 따라 일하는 국가 기관입니다. 국회, 대통령, 정부, 법원, 헌법재판소, 중앙선거관리위원회, 감사원이 헌법 기관입니다.

24 훼손은 한자로 '망가뜨릴 훼(毁)', '상하게 할 손(損)'을 써요. 무언가를 망가뜨리거나 상하게 하는 것을 말해요.

25 기속은 '얽어맬 기(羈)', '묶을 속(束)'을 써요. 자기 마음대로 하지 못하고, 꼭 따라야 하는 규칙이나 명령에 얽매여 있는 것을 뜻합니다. 국가 권력의 「헌법」과 법률에의 기속은 대통령, 국회, 법원, 경찰, 공무원 등 나라를 운영하는 사람이나 기관의 권한 행사도 「헌법」과 법률을 꼭 따라야 한다는 말입니다.

라. 민주주의는 자정 장치가 정상적으로 기능하고 그에 관한

제도적 신뢰가 존재하는 한, 갈등과 긴장을 극복하고 최선의 대응책을 발견하는 데 뛰어난 적응력을 갖춘 정치 체제이다. 피청구인은 현재의 정치 상황이 심각한 국익 훼손을 발생시키고 있다고 판단하였더라도, 「헌법」과 법률이 예정한 민주적 절차와 방법에 따라 그에 맞섰어야 한다.

그러나 피청구인은 국가긴급권 남용의 역사를 재현하여 국민을 충격에 빠트리고, 사회·경제·정치·외교 전 분야에 혼란을 야기하였다. 국민 모두의 대통령으로서 자신을 지지하는 국민의 범위를 초월하여 국민 전체에 대하여 봉사함으로써 사회공동체를 통합시켜야 할 책무를 위반하였다.

「헌법」과 법률을 위배하여, 「헌법」 수호의 책무를 저버리고 민주공화국의 주권자인 대한국민의 신임을 중대하게 배반하였다. 그러므로 피청구인을 대통령직에서 파면한다.

어떠세요? 조금 어려운 부분도 있었지만 헌법 재판관들이 많이 고민해서 법을 잘 모르는 국민들도 이해할 수 있도록 최대한 쉬운 언어로 판결문을 작성했습니다. 전체 판결문은 이보다 훨씬 길지만 이 결론 부분에 모든 핵심이 다 들어 있습니다. 또한 여러분이 배워 왔던 민주주의 원리에 대해서 삼권 분립 차원에서 여러

각도에서 설명해 주고 있습니다.

1. 헌법재판소는 대통령과 국회의 대립을 "민주주의 원리에 따라 조율되고 해소되어야 할 정치의 문제"라고 했습니다. 정치적 갈등을 해결하는 바람직한 방법은 무엇일까요?

2. 헌법재판소는 "민주주의는 갈등과 긴장을 극복하고 최선의 대응책을 발견하는 데 뛰어난 적응력을 갖춘 정치 체제"라고 설명합니다. 민주주의가 이런 적응력을 가질 수 있는 이유는 무엇일까요?

3. 헌법재판소 파면 결정문을 읽고 우리 사회의 민주주의를 구한 문장들을 아래처럼 제시하고, 그 이유를 써 볼까요.

> 민주국가의 국민 각자는 서로를 공동체의 대등한 동료로 존중하고 자신의 의견이 옳다고 믿는 만큼 타인의 의견에도 동등한 가치가 부여될 수 있음을 인정해야 합니다. ─헌법재판소 파면 결정문 중에서

나와 다른 의견을 가진 이와 어떻게 공존할 수 있는지 궁리하는 것이 민주주의 정치뿐 아니라 교실 속 우리도 늘 고민해야 하는 지혜라고 생각해요.

「헌법」 머리말의 주어가
'대한민국'이 아니라
'대한국민'이라고요?

헌법재판소의 윤석열 대통령 파면 결정문 결론의 첫 문장은 "대한민국은 민주공화국이다"라는 「헌법」 조문으로 시작합니다. 중요한 판결에서 왜 이 문장을 썼을까요? 먼저 「헌법」 제1조를 읽어 보겠습니다.

제1조 ① 대한민국은 민주공화국이다.

② 대한민국의 주권은 국민에게 있고, 모든 권력은 국민으로부터 나온다.

원래 가장 중요한 부분이 처음에 나오죠. 총 130개의 조문 중에 서도 제1조가 제일 중요하다고 볼 수 있습니다.

그러면 헌법 재판관은 제일 중요한 조문이기에 제1조 제1항을 언급했을까요? 그것만은 아닙니다. 앞서 읽어 본 헌법재판소 결정문에서 가장 많이 등장하는 단어는 '민주주의'입니다. 민주주의 원리를 설명하면서 윤석열 대통령이 이 민주주의를 중대하게 위배했기에 파면한다고 한 것이죠.

「헌법」 제1조 제1항의 "대한민국은 민주공화국이다"는 우리나라가 민주주의 국가라는 것을 선포하는 말입니다. 민주주의(民主主義)는 국민이 주인인 나라, 즉 국민이 스스로 나라를 다스리는 제도입니다. 대통령, 국회의원 같은 지도자를 국민이 직접 뽑고 법이나 정책도 국민의 의견을 반영해서 만들어집니다. 왕이나 독재자 한 사람이 결정하는 나라가 아닙니다. 공화국(共和國)은 왕이 없는 나라, 그리고 모든 국민이 함께 참여해서 운영하는 나라를 말합니다. 왕이 다스리는 왕국과 반대되는 말이죠. 그렇다면 「헌법」 제1조 제1항은 대한민국은 국민이 주인이고, 국민이 나라를 함께 운영하는 나라라는 뜻이겠죠.

헌법 재판관은 이 중요한 원칙에서부터 출발해서 논리를 전개하고 있는 것이죠. 대한민국은 대통령이 주인인 나라가 아니고,

　　　　　　　　4장. 국민들이 만들어 낸 '빛의 혁명'

대통령 혼자서 운영하는 독재 국가가 아니라는 것을 얘기하고 싶었던 것입니다.

「헌법」 제1조 제2항 "대한민국의 주권은 국민에게 있고, 모든 권력은 국민으로부터 나온다"는 이를 더 명확하게 하고 있습니다. '주권'은 나라를 다스리는 최고 권한을 말합니다. 이 최고 권한이 대통령이나 국회 같은 기관이 아니라 바로 국민에게 있다는 것입니다. 국가의 모든 권력은 국민이 허락해서 생기는 것이지, 국가가 스스로 가지는 것이 아닙니다. 대통령, 국회의원, 법관 등 국가 기관에서 일하는 모든 사람들은 국민이 선택하고 권한을 부여했기 때문에 그 일을 할 수 있는 것입니다. 이것은 마치 집주인과 관리인의 관계와 비슷합니다. 국가와 공무원들은 국민이라는 '주인'을 위해 일하는 '관리인'인 셈입니다.

「헌법」의 가장 첫 부분인 전문(머리말)은 "유구한 역사와 전통에 빛나는 우리 대한국민은"이라고 시작하고 있기도 합니다. 이 기회에 「헌법」 전문도 같이 읽어 볼게요.

> 유구한 역사와 전통에 빛나는 우리 **대한국민**은 3·1 운동으로 건립된 대한민국임시정부의 법통과 불의에 항거한 4·19 민주 이념을 계승하고, 조국의 민주 개혁과 평화적 통일의 사명에 입

각하여 정의·인도와 동포애로써 민족의 단결을 공고히 하고, 모든 사회적 폐습과 불의를 타파하며, 자율과 조화를 바탕으로 자유민주적 기본질서를 더욱 확고히 하여 정치·경제·사회·문화의 모든 영역에 있어서 각인의 기회를 균등히 하고, 능력을 최고도로 발휘하게 하며, 자유와 권리에 따르는 책임과 의무를 완수하게 하여, 안으로는 국민 생활의 균등한 향상을 기하고 밖으로는 항구적인 세계 평화와 인류 공영에 이바지함으로써 우리들과 우리들의 자손의 안전과 자유와 행복을 영원히 확보할 것을 다짐하면서 1948년 7월 12일에 제정되고 8차에 걸쳐 개정된 「헌법」을 이제 국회의 의결을 거쳐 국민투표에 의하여 개정한다.

이처럼 「헌법」의 주인공이 '대한민국'이 아니라 '대한국민'이라는 점을 분명히 하고 있는 것입니다. 이것은 마치 학급의 규칙을 정할 때, "우리 1반 교실은 이런 규칙을 따른다"가 아니라 "우리 1반 학생들은 이런 규칙을 만들어 따르기로 했다"라고 말하는 것과 비슷합니다. 규칙을 만드는 주체가 '교실'이라는 공간이 아니라 '학생들'임을 나타내는 것입니다.

아울러 대한민국 국민은 3·1 운동과 4·19 혁명처럼 불의에 저

  4장. 국민들이 만들어 낸 '빛의 혁명'

항하는 민주 시민이었다는 점을 얘기하고 있기도 합니다. 우리 대한국민은 부당한 권력에 그냥 복종하지 않고, 불의에 맞서 싸우는 정신을 가졌다는 것을 알려 줍니다. 또한 우리나라의 민주주의는 하늘에서 그냥 떨어진 것이 아니라, 국민들이 직접 싸워서 얻어 낸 소중한 가치라는 점을 기억하게 합니다. 무엇보다 국민은 불의한 권력이나 정책에 저항할 권리와 의무가 있다는 것을 일깨웁니다. 결국, 「헌법」은 '우리 대한국민은 역사적으로 불의에 맞서 싸워 온 용기 있는 시민들이었고, 앞으로도 그래야 한다'는 메시지를 전하고 있는 것입니다.

생각해 볼 문제

1. 「헌법」 전문의 주어가 '대한민국'이 아니라 '대한국민'인 이유는 무엇일까요? 이것이 국가와 국민의 관계에 대해 어떤 메시지를 주고 있나요?

2. 「헌법」이 "우리 대한국민은 역사적으로 불의에 맞서 싸워 온 용기 있는 시민들이었고, 앞으로도 그래야 한다"는 메시지를 전한다고 합니다. 이 메시지가 현재를 사는 우리에게 어떤 의미를 가질까요?

함께 만들어 가는 '다시 만난 세계'

5장

시민들이 직접 화장실 지도와 안내 가이드를 만들었다고요?

2024년 12월 불법 비상계엄령을 선포한 대통령에 대한 탄핵과 파면을 촉구하는 집회가 2025년 4월 초까지 국회와 헌법재판소를 비롯해 전국 곳곳에서 펼쳐졌습니다. 거리에는 응원봉을 든 시민들이 비폭력과 평화라는 원칙 아래 서로를 지키며 123일이 넘는 기간 동안 함께했습니다. 그런데 이런 집회가 가능했던 데는 눈에 보이지 않는 작은 배려와 준비가 큰 역할을 했어요. 바로 시민들이 스스로 만든 집회 안내 가이드와 화장실 지도 덕분입니다.

눈에 띈 건 '촛불집회 가이드'라는 이름의 온라인 플랫폼이었어요. 이곳에는 시민들이 집회에 참여한 사람들을 위해 미리 결제

커뮤니티 매핑 센터의 임완수 교수가 만든 '모두의 화장실 지도'.

해 둔 식당과 카페의 위치와 집회 참여자들을 위한 준비물, 날씨에 맞는 옷차림, 심지어 집회 참여자의 법적 권리까지 꼼꼼하게 정리되어 있었답니다. 도움이 되는 정보를 주변과 나누고 싶다는 마음에서 시작된 이 플랫폼은 하루 평균 20만 명 이상이 찾을 정도로 큰 호응을 얻었습니다.

또 하나 아주 중요한 문제를 해결한 소중한 지도가 시민들의 참여로 만들어졌습니다. 집회 때 많은 인원이 몰리면서 발생한 화장실 문제를 해결하기 위해 시민들은 또 다른 작업에 나섰습니다. 바

　　　　　　　5장. 함께 만들어 가는 '다시 만난 세계'

로 '화장실 지도'를 만든 것입니다. 이 지도를 만든 분은 시민 참여형 지도 만들기, 즉 커뮤니티 매핑의 전문가인 임완수 교수입니다. 미국 메해리 의과대학 교수로 한국에 출장을 왔다가 집회 현장에서 화장실이 부족해 많은 시민들이 당황하는 모습을 보고 직접 지도를 제작했습니다. 건물마다 개방된 화장실을 확인하고 정리해서 스마트폰으로 볼 수 있도록 지도에 표시했습니다. 그리고 인터넷이 잘 터지지 않는 상황까지 고려해 책자 형태의 지도를 만들어 나누어 주기도 했습니다.

임완수 교수는 이전에도 꾸준히 우리나라뿐만 아니라 미국에서도 장애인을 위한 안내 지도와 생활 속 안전지도를 시민들과 함께 만들어 왔습니다. 시민들의 참여로 함께 만들어 가는 지도를 커뮤니티 매핑이라고 하는데, 이 지도는 기본 틀은 개발진이 만들지만 지도에 내용을 채워 넣는 것은 시민들이에요. 시민들이 직접 조사한 집회장 근처의 화장실 공간을 기록하고, 필요한 정보를 지도에 담으면서 화장실 지도가 완성되었어요. 커뮤니티 매핑으로 만든 이 화장실 지도는 모두를 위한 배려와 공공의식, 그리고 협력의 상징이었답니다.

화장실 지도 하나, 안내 가이드 하나가 시민들에게 이렇게 큰 도움이 되었다는 건, 결국 민주주의는 함께 사는 법을 배우는 과정이라는 걸 보여 줍니다. 누구는 플랫폼을 만들고, 누구는 화장실을 찾아 기록하며, 누구는 안내 책자를 출력해 나눠 주고, 또 누구는 조용히 커피 한 잔을 선결제해 두는 것, 이 모든 행동이 모여서 평화로운 집회와 함께하는 민주주의를 만들어 간 것입니다. 이런 실천은 우리 일상에서도 얼마든지 펼쳐 갈 수 있습니다. 학교에서든 동아리에서든, 또는 SNS에서든, 누군가를 위해 하고 싶은 일로는 어떤 것이 있는지 함께 생각해 볼까요.

생각해 볼 문제

1. 시민들이 직접 화장실 지도와 안내 가이드를 만든 것은 어떤 의미가 있을까요? 평범한 시민의 참여가 민주주의에 미치는 영향은 무엇일까요?

2. "민주주의는 함께 사는 법을 배우는 과정"이라고 합니다. 학교나 일상생활에서 민주주의를 실천할 수 있는 방법은 무엇일까요?

5장. 함께 만들어 가는 '다시 만난 세계'

다양한 차이와 의견을 존중하는
집회 원칙이 있다고요?

　불법 계엄령이 선포되고 헌법재판소가 대통령 파면을 선고하기까지, 무려 123일 동안 매일 같이 시민들은 거리에 나와 평화를 외치며 민주주의를 지켜 냈습니다. 서로가 서로를 격려하고 존중하며 함께 노래 부르고 걸으면서 평화롭지만 단호하게 불의에 저항했습니다. 하지만 이런 따뜻하고 질서 있는 광장은 그냥 만들어진 게 아니랍니다.

　우리가 꼭 기억해야 할 하나의 사건이 있습니다. 2025년 1월 19일, 서부지방법원에서 일어난 폭동입니다. 서부지방법원이 윤석열 대통령에게 내란 우두머리 혐의로 구속영장을 발부하자 그를 지지하는 일부 사람들은 분노에 휩싸여 폭력적으로 행동했어요. 이들은 불법적으로 법원 담장을 넘고 유리창을 부수며 경찰에게 폭력을 행사하면서 법원 사무실 등을 파괴했습니다. 이 장면은 민주주의와는 너무나도 거리가 먼 모습이었습니다. 의견이 다르다는 이유만으로 폭력을 휘두르거나 법을 무시하는 일은 민주주의의 가치와 우리 사회의 근간을 무너뜨리는 일입니다. 이런 행위는 결국 법의 심판을 피할 수 없고 처벌을 받게 됩니다. 사람들은 이런 잘못된 행태를 거울삼아 차분하고 책임 있는 방식으로 자신의 목소리를 내야 한다는 것을 깨닫게 되었습니다.

실제로 국민적인 탄핵 집회를 평화롭게 이끈 시민사회 연대 조직인 '윤석열 즉각퇴진·사회대개혁 비상행동'은 집회 현장에서 우리 모두의 광장을 평화롭게 만들어 가면서 몇 가지 원칙을 세웠습니다.

언뜻 보면 누구나 이 원칙을 쉽게 지킬 수 있을 것 같습니다. 하지만 생각보다 우리는 무심코 잘못을 저지를 때가 제법 있답니다. 특히 언어 사용이 적절하지 못할 때가 많습니다. 예를 들어 무심고 자기의 나쁜 기분을 표현할 때 "거지같다"는 말을 쓰는데, 이 말은 가난한 사람을 낮춰 보는 표현입니다. "어린아이라서 못한다" 같은 말은 나이를 근거로 사람을 깎아내리는 표현일 수 있습

          5장. 함께 만들어 가는 '다시 만난 세계'

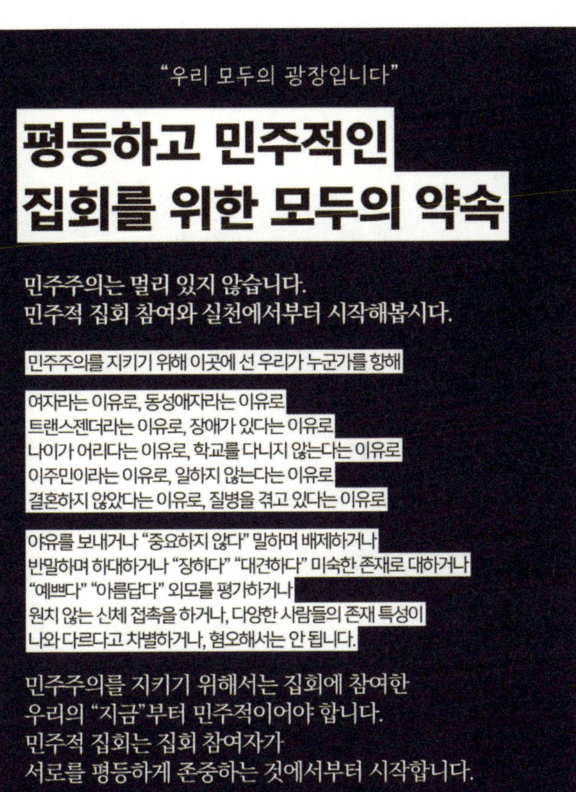

〈평등하고 민주적인 집회를 위한 모두의 약속〉 웹자보.

니다. 누군가를 비난하기 위해 장애나 외모, 나이, 동물, 성별 등을 빗대는 말은 그 자체로 누군가를 상처 입히는 차별적인 말이 될

다양한 차이와 의견을 존중하는 집회 원칙이 있다고요?　　　　　

'어린이를 위해 민주주의와 평화를 지킵시다'가 쓰인 손 전단지.

수 있어요. 그래서 시민들은 이런 말들을 쓰지 않기 위해 자신의 언어를 스스로 점검하고, 함께 지켜보았습니다. 예술인들도 노래 가사에서 차별적인 표현이 있는 부분은 바꿔 불렀어요. 이런 노력 은 단순한 말투의 변화가 아니라 서로를 존중하고 모두가 안전하 고 함께하는 광장을 만들기 위한 실천이었습니다.

이처럼 서로의 차이를 존중하고, 차분하고 품격 있게 행동하는 것이 바로 시민의 힘이고, 민주주의의 본모습이에요. 그리고 이렇

　　　　　5장. 함께 만들어 가는 '다시 만난 세계'

게 모인 광장은 단순히 사람들이 모인 장소가 아니었습니다. 그곳은 노동자의 권리, 여성의 권리, 장애인의 권리, 기후 정의, 반전, 차별 금지 같은 다양한 목소리가 하나씩 모여 만들어진 곳으로 더 나은 세상을 향해 나아가는 희망의 공간이었답니다. 이번 집회에서는 누군가의 생각을 무시하거나 다른 점을 조롱하는 것이 아니라 서로 다르다는 걸 존중하면서도 함께 더 나은 방향을 고민하는 태도가 돋보였습니다.

여러분은 〈평등하고 민주적인 집회를 위한 모두의 약속〉 중 어떤 원칙이 마음에 드나요? 원칙 중 어떤 것이 우선적으로 지켜져야 할지 함께 이야기해 봅시다.

생각해 볼 문제

1. "거지같다", "어린아이라서 못한다"와 같은 표현이 왜 차별적일까요? 우리가 일상에서 무심코 사용하는 차별적 표현은 어떤 것들이 있을까요?

2. 집회 현장에 노동자의 권리, 여성의 권리, 장애인의 권리 등을 외치는 다양한 목소리가 모였다고 합니다. 이런 다양성이 민주주의에 어떤 영향을 미칠까요?

5·18 민주화운동 당시 주먹밥이
선결제 나눔으로 이어졌다고요?

1980년 5월, 믿기 어려운 일이 일어났습니다. 대한민국을 지키는 군인이 다른 사람도 아닌 국민들을 공격한 것입니다. 계엄군이 광주 시민들을 무차별적으로 공격하면서 많은 사람들이 거리에서 다치거나 목숨을 잃었습니다. 그러나 시민들은 물러서지 않았고, 오히려 거리로 나와 민주주의를 지키기 위한 항쟁을 시작했어요. 계엄군이 잠시 물러난 뒤, 광주 시민들은 모두가 하나 되어 새로운 공동체를 만들어 나갔답니다. 계층도, 나이도, 성별도 중요하지 않았어요. 그 순간에는 모두가 '같은 마음'이었기 때문입니다.

이 당시 광주에서는 많은 시민들이 각자 자신의 집에서 쌀과 반

찬거리를 가져와 주먹밥을 만들어 시위대와 시민군에게 나누어 주기 시작했습니다. 양동시장 같은 곳에서는 어머니들이 큰 솥에 밥을 지어 주먹밥을 만들어 트럭에 싣고, 시민들이 모여 있는 금남로로 나르며 뜨거운 응원을 보냈습니다. 이 주먹밥은 단순한 한 끼가 아니라, 서로를 지키고 응원하는 '연대의 상징'이 되었습니다.

계엄군의 공격으로 시민군 중 부상자가 많아졌고, 병원에는 수혈할 피가 부족해 위급한 상황이 계속되었습니다. 이때 시민들은 자발적으로 병원을 찾아 헌혈에 참여하면서 희망을 만들어 갔습니다. 시민들이 계엄군에 맞서며 자치 활동을 한 열흘 동안 광주 시내에서 단 한 건의 절도나 폭력도 발생하지 않았답니다.

5·18 민주화운동 당시 시민들은 스스로 질서를 지켰고, 군대나 경찰 없이도 도시의 안전을 유지하면서 어려운 상황 속에서도 높은 시민 의식과 공동체 정신을 보여 주었답니다.

1980년 광주 시민들의 나눔과 연대의 정신은 지금까지도 이어지고 있습니다. 『5·18 민주화 운동 교과서』를 비롯해 초등, 중·고등학교 교과서에도 주먹밥 이야기가 실렸고, 광주시는 주먹밥을 광주의 대표 음식으로 선정했습니다. 그리고 2024년 겨울과 2025년 봄 민주주의가 또다시 위협받는 대한민국의 위기 상황에

커피를 나눔하는 알맹상점 비건 카페의 모습. (사진 왼쪽)
전봉준 투쟁단에서 떡과 음료를 나누어 주는 모습. (사진 오른쪽)

시민들이 집회 참가자들을 위해 보내 준 난방 버스의 모습.

5장. 함께 만들어 가는 '다시 만난 세계'

서 5·18 민주화 운동의 공동체 정신이 되살아났답니다. 주먹밥을 나누었던 나눔 정신이 이번에는 선결제 나눔으로 새롭게 태어난 것입니다. 여의도 국회 앞에 모인 시민들은 따뜻한 커피나 국밥을 미리 결제해 두고 다른 시민이 와서 먹을 수 있게 하는 '선결제 나눔'을 실천했습니다.

선결제 나눔의 시작은 아주 작았습니다. 누군가가 인근 카페에 미리 커피 값을 결제하고, 나중에 온 시민이 자신의 이름 등을 말하면 따뜻한 커피를 받을 수 있도록 한 거예요. 그런데 이 작은 움직임이 SNS를 통해 퍼지면서 떡, 김밥, 심지어는 김치찌개와 국밥 같은 음식으로까지 메뉴가 다양해졌습니다. 이름도, 얼굴도 알 수 없는 시민들이 서로를 위해 먼저 결제하고, 서로를 응원하는 문화가 만들어진 거예요. 이 나눔의 열풍은 연예인들까지 동참하면서, 시위 현장의 추위를 녹이고 사람들 마음까지 따뜻하게 해 주었습니다. 이 '선결제'는 어쩌면 오늘날의 주먹밥이라 할 수 있습니다. 1980년 광주에서 주먹밥을 나누던 그 마음이, 지금은 커피 한 잔, 국밥 한 그릇으로 이어지고 있다고 할 수 있거든요.

이런 나눔은 집회 때만 가능한 것이 아닙니다. 일상 속에서 작지만 의미 있는 나눔을 얼마든지 실천할 수 있지요. 친구에게 따뜻한 말 한마디를 건네거나, 누군가의 짐을 들어 주거나, 혼자 있는 친구 옆에 조용히 앉아 주는 것만으로도 우리는 이 아름다운 주먹밥 정신을 이어 갈 수 있습니다. 여러분이 함께 나누고 싶은 것은 무엇인가요?

1. 1980년 5·18 민주화운동 당시 광주 시민들이 계엄군의 공격 속에서도 서로를 돕고 질서를 지킬 수 있었던 힘은 어디서 나왔을까요? 위기 상황에서 사람들은 왜 더 단결하게 될까요?

2. 글의 마지막에 "친구에게 따뜻한 말 한마디를 건네는 것"도 나눔이라고 합니다. 학교생활에서 실천할 수 있는 나눔은 어떤 것들이 있을까요?

5장. 함께 만들어 가는 '다시 만난 세계'

노벨문학상 시상식에서 대한민국 시민들을 응원했다고요?

한강 작가는 2024년에 한국 최초이자 아시아 여성 작가 중 처음으로 노벨문학상을 수상했습니다. 그는 윤석열 대통령의 비상계엄 직후인 12월 6일 스웨텐 스톡홀름에서 열린 노벨문학상 수상 관련 기자 간담회에서 자신의 소감을 얘기했어요. 인터뷰를 토대로 그 내용을 정리하면 다음과 같아요.

지난 며칠 동안 아마 많은 한국분이 그랬을 텐데 저도 충격을 많이 받았어요. 상황이 빠르게 달라지고 있어서 계속 뉴스 보면서 지내고 있었습니다. 그날 밤 모두 그러셨을 것처럼 저도 충격이었어요.

『소년이 온다』를 쓰기 위해서 1979년 말부터 진행됐던 계엄 상황에 관해 공부했는데, 2024년에 다시 계엄 상황이 전개되는 것에 큰 충격을 받았습니다. 이번 겨울의 상황이 (과거와) 다른 점은 모든 상황이 생중계되어서 모든 사람이 지켜볼 수 있었단 점일 거예요.

바라건대 무력이나 강압으로 언로를 막는 방식으로 통제하는 과거로 돌아가지 않기를 간절히 바랍니다.

한강 작가는 작품에서 한국 현대사의 비극적인 장면들을 연이어 다루면서 곳곳에서 잔혹한 행위들을 겪은 피해자들의 경험, 그들을 잊지 않고 기억하려는 사람들과 자신이 깊이 연결돼 있다는 느낌을 받았다고도 했습니다.

그러면서 다음과 같은 희망의 메시지도 전했어요.

이번 일로 시민들이 보여 준 진심과 용기 때문에 감동을 많이 했습니다. 그래서 이 상황이 끔찍하다고만 생각하지는 않습니다. 밖에서 보는 것처럼 절망적인 상황은 아니라고 생각합니다. 광주 기억을 트라우마로 갖고 있는 또래나 저보다 나이가 많은

  5장. 함께 만들어 가는 '다시 만난 세계'

노벨문학상 수상 소감을 밝히는 한강 작가의 모습.

분들도 계엄에 반대하기 위해 국회로 많이 가셨습니다. 그대로
두면 상황이 얼마나 나빠질 수 있는지 알기에 모두가 걱정과 경
각심을 갖고 행동할 수 있었던 것입니다.

맨몸으로 장갑차 앞에서 장갑차를 멈추려고 애쓰시던 분도 보
았고, 맨손으로 무장한 군인을 껴안으면서 제지하는 모습도 보
았고, 총을 들고 다가오는 군인들 앞에서 버텨 보려고 애써 보
려는 사람들 모습도 보았습니다. 그분들의 진심과 용기가 느껴
지던 순간이었어요.

젊은 경찰분들, 젊은 군인분들 태도도 인상 깊었습니다. 예상하지 못한 상황에서 판단하려고 하고, 내적 충돌을 느끼면서 최대한 소극적으로 움직이고 있다는 느낌을 받았는데, 그런 명령을 내린 사람 입장에서는 소극적이었겠지만 보편적 관점에서는 생각하고 판단하고 고통을 느끼면서 해결책을 찾으려고 하는 적극적인 행위였어요.

한강 작가는 이처럼 비상계엄에 맞선 시민들의 용기와 행동력을 높이 평가하며, 과거의 아픈 역사를 기억하는 것이 현재의 민주주의를 지키는 데 중요하다는 메시지를 전했습니다.

한강 작가의 메시지처럼 민주주의는 결코 당연한 것이 아닙니다. 많은 사람들의 용기와 희생으로 지켜지는 소중한 가치입니다. 역사 속 아픈 기억들이 단순히 과거의 사건이 아니라, 우리가 미래를 만들어 가는 데 중요한 교훈이 된다는 것을 기억해야 합니다.

여러분이 지금 배우고 있는 역사 속 이야기들은 실제로 일어났던 일들이며, 그 속에서 고통 받은 사람들과 저항했던 사람들의 삶이 담겨 있습니다. 우리의 일상이 평화롭고 자유로울 수 있는 것은 민주주의의 소중함을 알고 지켜 낸 사람들이 있었기 때문입니다. 한 사람의 목소리, 한 사람의 용기가 모여 세상을 바꿀 수 있

     5장. 함께 만들어 가는 '다시 만난 세계'

다는 것을 기억하세요.

1. 한강 작가가 노벨문학상 수상 기자회견에서 정치적 상황에 대해 언급한 것은 어떤 의미가 있을까요? 작가의 사회적 역할에 대해 어떻게 생각하나요?

2. 한강 작가는 작품을 통해 "피해자들의 경험을 잊지 않고 기억하려는" 노력을 했다고 합니다. 문학이 역사를 기록하고 기억하는 데 어떤 역할을 할 수 있을까요?

우리가 '빛의 혁명'의
주인공이라고요?

2016년 겨울, 서울 광화문 광장에는 수많은 시민들이 촛불을 들고 모였습니다. 박근혜 대통령의 국정 농단 사태에 실망한 시민들이 촛불을 들고 매주 토요일 광화문 광장을 비롯해 전국 곳곳 거리로 나와 대통령의 퇴진을 외쳤거든요. 당시 모인 수많은 촛불은 세상을 바꾸는 거대한 물결로 '촛불 혁명'을 이뤄 냈답니다. 당시 촛불 혁명은 평화 시위로 시민들이 만들어 낸 역사적인 순간이었어요. 학생, 직장인, 부모님 손을 잡고 나온 어린이까지 모두가 '대한민국은 민주공화국이다'를 함께 외쳤습니다. 대한민국은 국민이 주인인 국가

  5장. 함께 만들어 가는 '다시 만난 세계'

윤석열 대통령 탄핵 소추안이 가결된 12월 14일 여의도 국회 앞에서
시민들이 기뻐하며 노래를 따라 부르는 모습.

라고 선언한 「헌법」 정신을 지켜 내자는 외침이자 선언이었습니
다. 촛불은 어둠 속에서도 길을 밝히는 희망의 상징이 되었고, 대
한민국은 폭력이 아닌 연대와 평화로 민주주의를 지켜 낸 나라로
전 세계에 알려졌습니다.

우리가 '빛의 혁명'의 주인공이라고요?

2024년 12월 7일 서울 여의도 국회 앞에서 윤석열 탄핵을 촉구하는 시민들의 모습.

5장. 함께 만들어 가는 '다시 만난 세계'

시간이 흘러 2024년 12월 3일, 우리는 다시 민주주의의 위기 앞에 서게 되었습니다. 당시 대통령이었던 윤석열은 「헌법」에 어긋나는 비상계엄령을 선포했습니다. 이는 국민의 기본적인 권리를 위협할 뿐만 아니라 대한민국의 민주주의를 훼손한 심각한 일이었습니다. 군인을 동원해서 국회의원들을 체포하고 계엄을 이어 가려 했지만 시민들은 두려워하지 않고 맞섰습니다. 촛불 대신 응원봉과 스마트폰을 손에 쥐고, 국회로 광장으로 나섰습니다. 그렇게 시작된 새로운 시민 참여의 물결이 이어지면서 '빛의 혁명'이 시작되었습니다.

젊은 세대들은 콘서트에서 사용하던 응원봉에 '윤석열 OUT', '탄핵' 등의 문구를 붙여 자신들의 생각을 표현하고 어둠을 밝혔습니다. 또한 시위 현

장에는 소녀시대의 〈다시 만난 세계〉, 블랙핑크 로제의 〈아파트〉,
에스파의 〈위플래시〉 같은 K-팝이 울려 퍼졌습니다. 이런 친숙한
노래들은 집회의 분위기를 더 밝고 활기차게 만들었죠.

특히 소녀시대의 〈다시 만난 세계〉는 세대를 초월하여 희망과
연대, 평화와 시작을 상징하는 시민의 노래가 되었습니다. "언제
나 너의 곁에 있을게", "함께라면 두렵지 않아"라는 가사는 어둠 속
에서도 서로를 응원하며 나아가는 시민들의 마음을 그대로 담고
있었어요. 광장에서 이 노래가 울려 퍼질 때, 낯선 사람들이 서로
눈을 맞추며 함께 노래하고, 손을 맞잡고, 다시 웃기 시작했어요.

많은 2030 세대에게 이번 집회는 '인생 첫 집회'였다고 합니다.
계엄의 두려움에 불안했고, 탄핵 촉구 집회는 낯설고 무거운 느낌
이 들었지만, "이대로 가만히 있으면 안 되겠다"는 생각에 참여했
다고 했습니다. 이처럼 민주주의는 우리 모두의 참여로 지켜집니
다. 민주주의는 교과서에서만 배우는 단어가 아니라, 우리가 직접
참여하고 목소리를 내며 지켜 나가는 살아 있는 가치입니다.

2025년 사람들이 높이 치켜 든 응원봉의 빛은 단순히 어둠을
밝힌 것이 아니라, 앞으로 우리가 나아가야 할 방향을 비추고, 길
을 만들었습니다. 이제 대한민국은 세계사 속에서 새로운 민주주
의 문화를 만들어 가는 나라로 자리매김하고 있습니다. 역사는

'누군가가 만들어 주는 것'이 아니라 '우리 모두가 함께 만들어 가야 한다는 것'을 세계 시민에게 증명하고 있는 것입니다.

1. 비상계엄 반대 집회에서 서로 다른 세대가 하나가 될 수 있었던 이유는 무엇일까요?

2. '촛불 혁명'과 '빛의 혁명'은 어떤 점에서 연결되어 있나요?

3. 집회 음악이 민중가요에서 K-팝으로 바뀐 것은 어떤 변화를 보여 주나요? 대중문화가 정치적 운동에 어떤 영향을 미칠 수 있을까요?

우리가 '빛의 혁명'의 주인공이라고요?

여러분이 꿈꾸는 나라는 어떤 나라인가요?

서울 용산구에 있는 국립중앙박물관 1층 상설 전시관에서는 아주 인상 깊은 글귀를 만나게 됩니다. 바로 백범 김구 선생께서 남기신 글이에요.

> 나는 우리나라가 세계에서 가장 아름다운 나라가 되기를 원한다.
>
> (……)
>
> 오직 한없이 가지고 싶은 것은 높은 문화의 힘이다.
>
> 문화의 힘은 우리 자신을 행복하게 하고, 나아가서 남에게 행

5장. 함께 만들어 가는 '다시 만난 세계'

백범 김구와
친일파 민원식을
처단한 양근환,
일왕을 심판하려 한
박열이 함께
있는 모습
(양근환, 김구, 박열 순).

복을 주기 때문이다.

(……)

그래서 진정한 세계의 평화가 우리나라에서,

우리나라로 말미암아 세계에 실현되기를 원한다.

― 김구, 「내가 원하는 우리나라」, 『백범일지』(1947).

김구 선생이 꿈꾸는 나라는 군사력을 키워 강력한 힘을 가진 나라가 아니었습니다. 뜻밖에도 문화가 아름다운 나라가 되기를 바랐습니다. 더불어 문화의 힘으로 행복하게 지내며 평화로운 세계를 만드는 나라를 꿈꾸었습니다. 이 같은 바람은 지금 펼쳐지고 있답니다. 바로 한류입니다. 어느새 우리나라의 음악, 영화, 드라마, 음식을 전 세계 사람들이 좋아하며 즐기고 있거든요. 실제로 한류는 문화를 통해 세계 평화를 함께 만들어 가는 마중물이 되고 있답니다. 김구 선생은 78년 전 이미 먼 미래를 내다보시며 이야기하신 것 같습니다.

우리는 2025년 4월 4일, 세계를 놀라게 하는 역사적인 일을 해냈습니다. 국민들의 바람대로 헌법재판소가 윤석열 전 대통령의 탄핵을 인용하고, 그를 파면하기로 결정했기 때문입니다. 이는 단순한 정치적 변화만이 아니라, 국민의 힘과 민주주의가 살아 있다는 것을 전 세계에 보여 준 순간이었습니다. 불법적인 비상계엄에 맞서 국민이 하나가 되었고, 국회와 국민의 의지가 모여 대통령의 파면이라는 역사적인 결정을 만들어 냈습니다.

이날의 결정은 외국에서도 크게 보도되었어요. 미국 뉴스 방송 채널인 CNN은 대한민국이 민주주의 역사에서 중요한 이정표를 세웠다고 보도했고, 세계 최대 뉴스 통신사인 AP 통신은 비상계

   5장. 함께 만들어 가는 '다시 만난 세계'

엄 시도가 헌법재판소의 전원일치 판결로 막을 내렸다고 전했습니다. 미국의 대표 신문 중 하나인 《워싱턴포스트》는 한국의 민주주의가 얼마나 강하고 회복력이 있는지를 보여 주는 사건이라며, 이번 결정을 높이 평가했어요. 영국의 신문 《가디언》 역시 이번 파면을 "공포에서 해방으로 이어진 역사적 순간"이라고 표현했답니다.

이 모든 찬사와 관심은 결국 대한민국 국민들이 지켜 낸 민주주의의 결과입니다. 이번 사건을 통해 우리는 스스로 질문을 던질 수 있게 되었어요. 지금 우리가 사는 대한민국, 그리고 앞으로 만들어 갈 우리나라는 어떤 모습이어야 할지 생각해 보게 되었습니다.

김구 선생은 '아름다운 나라'를 꿈꾸셨습니다. 누군가를 지배하거나 경쟁에서 이기는 나라가 아니라, 서로의 문화를 존중하고, 배려와 인격이 살아 있는 나라입니다. 다음은 또래 청소년들이 꿈꾸는 나라의 모습 중 일부입니다.

— 누구나 차별 없이 꿈을 꿀 수 있는 나라.
— 환경이 깨끗하고 지속 가능한 나라.
— 서로의 의견을 존중하며 자유롭게 말할 수 있는 나라.
— 약한 사람도 당당히 살아갈 수 있는 따뜻한 나라.

여러분은 어떤 나라를 꿈꾸나요? '내가 꿈꾸는 나라' 마인드맵을 직접 그려 보면서 생각해 보세요.

내가 꿈꾸는 나라

(대한민국)

내가 꿈꾸는 나라는 ________________ 나라입니다.

왜냐하면 ________________________________

* 대한민국 하면 떠오르는 것을 그려 보고 내가 꿈꾸는 나라를 써 보세요.

5장. 함께 만들어 가는 '다시 만난 세계'

1. 한국의 민주주의가 세계 언론의 주목을 받은 이유는 무엇일까요? 한 나라의 민주주의가 세계에 미치는 영향은 무엇일까요?

2. 마인드맵을 통해 '내가 꿈꾸는 나라'를 그려 보았습니다. 꿈꾸는 나라를 실현하기 위해 우리가 지금 할 수 있는 일은 무엇일까요?

이미지 출처와 페이지

국가기록원 93

국회의장실 42(위)

김은지 101, 150(위 오른쪽, 아래)

경향신문 24, 62

독립기념관 165

식민지역사박물관 113

알맹상점 150(위 왼쪽)

어린이어깨동무 146

연합뉴스 37, 38, 42(아래), 58, 155, 159, 160

위키백과 23, 30, 75, 80, 85, 87, 91, 98

정지영 104

조지훈 51

비상계엄을 이겨 낸 대한국민 이야기

제1판 제1쇄 발행일 2025년 6월 10일

글 _ 배성호, 주수원
기획 _ 책도둑(박정훈, 박정식, 김민호)
디자인 _ 정하연
펴낸이 _ 김은지
펴낸곳 _ 철수와영희
등록번호 _ 제319-2005-42호
주소 _ 서울시 마포구 월드컵로 65, 302호(망원동, 양경회관)
전화 _ 02) 332-0815
팩스 _ 02) 6003-1958
전자우편 _ chulsu815@hanmail.net

ISBN 979-11-7153-030-4 43300